은유란
무엇인가

천재들의 생각을 훔칠 단 하나의 방법

은유란
무엇인가

김용규·김유림 지음

천년의상상

은유는 천재의 표상이다.

— 아리스토텔레스

차례

사소한 차이가 거대한 격차를 만든다

일상적인 낱말은 우리가 이미 알고 있는 것만을 전달한다.

생생한 어떤 것에 이르는 최선의 길은 은유를 통하는 것이다.

—아리스토텔레스, 《수사학》, 1410b

사고실험thought experiment을 하나 해보자. 오른쪽 그림과 같이 전체 길이가 4m인 자동차 A와 B가 후미를 서로 붙인 채 45도 각도로 벌린 다음, 서울에서 출발해 시속 100㎞로 줄곧 남쪽으로 달린 다고 하면, 4시간 후에는 대략 어디에 다다랐을까?

답은 자명하다. A는 목포 부근 어디인가에, B는 부산 인근 어디인가에 도착해 있을 것이다. 그리고 그 둘 사이의 간격은 약 300㎞가 될 것이다. 출발할 때 3m에 불과했던 틈새가 불과 4시간 만에 10만 배나 벌어져 도저히 따라잡을 수 없는 격차를 만든 것이다.

　우리는 종종 사소한 차이의 중요함을 망각한다. 그래서 남다른 업적을 이룬 비범한 사람과 평범한 사람 사이에 존재하는 커다란 격차가 타고난 재능이나 노력의 엄청난 차이에서 비롯된다고 생각한다. 그런데 어쩌면 그게 아닐 수 있다. 그것은—앞선 사고실험에서 자동차 A와 B가 보여준 것처럼—단지 사소한

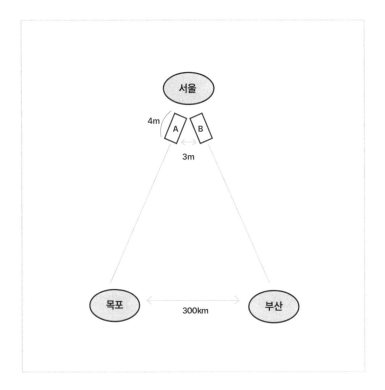

시각의 차이 또는 습관의 차이가 시간이 지나면서 점점 커져 도저히 따라잡을 수 없는 격차를 낳은 것일 수 있다.

흔히들 천재의 전유물로 여기는 창의적 발상도 마찬가지다. 각 분야에서 천재라 불리는 인물들과 평범한 사람들 사이의 '거대한 격차'가 은유적 사고metaphorical thinking를 익혀 사용하느냐 아니냐 하는 '사소한 차이'로 인한 것으로 보이기 때문이다. 그래서 우리는 이 책에서 은유(A=B)를 논리학의 동일률(A=A), 모순율(A≠~A)에 이어 인간 정신이 지닌 제3의 사유 패턴—간단히 제3의 패턴the third pattern—으로 규정하고자 한다.

2,300년 전 아리스토텔레스가 '참'과 '거짓'이라는 두 가지 진리치를 가진 이치논리二値論理, two-valued logic를 확립한 이후, 동일률과 모순율은 인간의 모든 이성적·합리적 사고를 구성하는 기반이 되었다. 사람들은 그 흔들리지 않는 디딤돌 위에 학문과 법률 그리고 사회제도를 만들어 세웠다. 그러나 인류 역사에 이름을 남긴 창의적 천재들은 그 밖에 또 하나의 사유방식을 은밀하게 사용해 새로운 삶과 세상을 만들어왔다. 그것이 바로 은유다. 그래서 당신과 당신 아이의 미래를 좌우할 수도 있는 은유적 사고를 익히고 훈련하는 방법을 개발해 이 책에 담았다.

1

1부에서는 먼저 은유가 지닌 두 가지 마술 같은 기능을 소개할 것이다. 하나는 '설득'이고 다른 하나는 '창의'다. 본문에서 확인하겠지만, 은유는 본디 상대방의 이해를 도와 그를 설득하기 위해 개발되었다. 이것이 지금까지도 은유가 수사법 가운데 하나로만 여겨지는 이유다. 그런데 역사에 이름을 남긴 소수의 천재들은 은유 안에 숨겨진 또 하나의 기능인 창의를 찾아내 사용해 왔다. 본문에서 차츰 확인하게 되겠지만, 바로 그 기능이 인간의 정신을 새로운 세계로 이끌고 가 오늘날 우리가 누리는 문명을 창조한 것이다.

2부와 3부에서는 이미 성공을 거둔 은유적 표현들 안에 공통으로 들어 있는 은유적 사고 패턴metaphorical thinking pattern을 찾아내 당신에게 소개할 것이다. 그리고 그 패턴을 익히고 훈련하면, 누구든 설득력과 창의력이 있는 인재가 될 수 있다는 것을 보여줄 것이다. '설마?' 하고 생각할지 모르지만, 우리는 그것을 인지과학과 교육신경과학 같은 첨단과학의 연구 결과와 다양한 사례들을 통해 증명할 것이다.

이어서 4부에서는 은유적 사고를 훈련할 수 있는 세 가지 방법―따라하기, 분석하기, 실습하기―을 당신에게 되도록 자세히 소개할 것이다. 그럼으로써 당신이 우리 시리즈의 2권 《은유가 만드는 삶》에서는 시, 동시·동요, 노랫말, 광고 그리고 예술작품에 들어 있는 은유 패턴을, 3권 《은유가 바꾸는 세상》에서는 인문학, 사회과학, 자연과학 그리고 정치에 들어 있는 은유적 사고와 표현 들을 추적해 분석하고 도식화하는 훈련을 원활하게 수행할 수 있도록 했다.

그러나 이론적인 내용은 가능한 한 피하고자 한다. 그 대신 당신과 당신의 아이들이 은유적 사고를 익히고 훈련해 구사할 수 있는 실용적인 방법과 묘책 그리고 요령을 소개하려 한다. 이 말은 이 책이 은유에 관한 이론서가 아니라 실용서라는 뜻이다. 그래서 학자들이 선호하는 복잡한 논쟁적 주제와 세밀하고 엄격한 전문용어나 건조하고 난해한 진술방식을 피하고, 일반인들이 즐기는 부드럽고 친근한 대화풍diatribe*의 서술방식으로 펑이하게 썼다. 한마디로 이 책은 일종의 '은유 사용설명서'다.

---

* 디아트리베는 일반적으로 2인칭 단수를 사용하여 가상의 상대방을 정하고, 그와 대화하는 식으로 청중을 설득하는 고대 수사학 기법이다. 화자話者는 보통 가설적인 질문을 제기하고 그것에 스스로 응답하거나 잘못된 결론을 말하기도 하고 그것을 반박하는 식으로 이야기를 전개한다. 고대 헬레니즘 시대부터 사도 바울과 같은 성직자와 교사가 글을 쓰거나 설교할 때 즐겨 사용했다.

우리는 이 책을 통해 당신이 은유적 사고의 중요성을 깨닫고 그것을 익히고 훈련하기를 바란다. 그럼으로써 당신이 종사하거나 관심이 있는 분야에서 더 창의적으로 작업을 수행하고, 자신의 주장이나 의견을 설득력 있게 표현하는 인재가 되게 하려고 한다. 또한 삶을 풍요롭고 의미 있게 만들며, 궁극적으로는 우리가 사는 세상을 바람직하게 바꾸어나가게끔 돕고자 한다.

　혹시 빈말처럼 들리는가? 그럴 수 있다. 왜냐하면 일찍이 은유를 "천재의 표상"이라 치켜세운 아리스토텔레스도 "이것만은 남에게 배울 수 없는 것"이라고 선언했기 때문이다. 그러나 그것은 2,300년도 더 지난 옛말이다. 오늘날 인지언어학자와 교육신경과학자들은 은유가 작동하는 메커니즘을 연구함으로써, 은유적 사고가 지닌 창의성의 비밀을 밝혀냈다. 이른바 '개념적 혼성 이론'과 '개념적 은유 이론'이 그것이다. 이 책은 그 새로운 이론들을 기반으로 시작한다. 그리고 한발 더 나아가 은유를 배우고 익힐 수 있는 구체적이고 실용적인 훈련 방법을 마련해 담았다.

2

당신은 누구인가? 무엇을 하는 사람인가? 학생인가? 교사인가? 직장인인가? 사업가인가? 아니면 시나 소설, 드라마나 수필을 쓰는 사람인가? 화가인가? 건축가인가? 노래나 영상 또는 영화를 만드는 사람인가? 광고인인가? 블로거인가? 유튜버인가? 발명가인가? 아니면 정치인인가? 방송인인가? 설교자인가? 아니면 학자인가? 그렇다면 인문학자? 사회학자? 수학자? 자연과학자? 그것도 아니면 앞으로 이들 중 어느 하나가 되려는 사람인가?

아무튼 좋다. 당신이 누구든, 무슨 일을 하는 사람이든, 또 앞으로 무슨 일을 하려고 하는 사람이든 좋다. 이 세상에 상대의 이해를 도와 그를 설득하는 능력과 다른 사람은 감히 생각하지 못할 창의적 발상이 필요하지 않은 사람은 없나. 하다못해 초등학생이 감상문 한 장 쓰는 데에도 설득력이 요구되고, 중학생이 코딩coding 하나를 만드는 데에도 창의적 발상이 필요하다. 예전에도 그랬지만, 앞으로는 더욱 그렇다. 모두가 알다시피 4차 산업혁명과 함께 인류문명이라는 거대한 수레바퀴가 다시 한번 크게 움직이기 시작했기 때문이다. 그렇다면 당신에게 필요한 능력이 바로 은유적 사고력이고, 당신에게 필요한 것이 바로 이 책이다.

우리는 이 책에 실린 은유 훈련을 통해 당신의 설득력과 창의력이 스스로도 놀랄 만큼 향상되리라 믿는다. 물론, 그렇다고 해서 이 책이 당신을 하루아침에 다빈치나 셰익스피어 또는 아인슈타인과 같이 탁월한 천재로 만들어줄 것이라고 장담하는 것은 아니다. 단지 당신과 당신의 아이가 이 책을 따라 은유적 사고와 표현을 익히고 훈련하면, 적어도 각자가 일하는 또는 학습하는 분야에서 새로운 아이디어를 떠올리고, 그것을 설득력 있게 설명하는 데에서 주변 동료들과는 사뭇 다른 능력을 지니게 되리라는 것을 약속한다. 따라서 이 책의 가장 중요한 쓰임새는 교육에 있다.

3

이 책은 2014년 《생각의 시대》를 출간한 직후부터 여러 기업체와 시·도교육청 그리고 대학교—특히 매 학기 계속해온 KAIST의 컨버전스 최고경영자AMP과정—에서 진행한 강의 중 은유에 관한 내용을 뽑아 다양한 실용적 사례들을 더해 정리한 것임을 밝혀둔다. 강의에 초청해주시고, 또 참석해준 많은 분의 호응과 요청이 없었으면 은유가 지닌 놀라운 설득력과 창의력에 대한 탐색을 더 넓고 깊게 밀고 나가지 못했을 것이다.

그런 만큼 감사해야 할 분들이 이루 셀 수 없이 많다. 그중에서도 특히 인공지능연구원AIRI의 김영환 원장, KAIST의 최호진 교수, 고려대학교 의과대학 임춘학 교수, 연세대학교 의과대학 김어수 교수, 한국외국어대학교의 김원명 교수, 삼성물산 김봉영 전前 사장, SK아카데미 우만석 전 센터장, 대교의 박수완 전 대표, 대구광역시교육연수원 박윤자 전 연수부장에게 이 자리를 빌려 고마움을 전하고 싶다. 출간을 결정해준 천년의상상 선완규 대표, 책이 만들어지는 과정에서 도와준 김창한 편집장과 남미은 편집장도 고맙다. 출간 후 더욱 수고할 신해원 마케터에게도 미리 감사를 표하고 싶다.

4차 산업혁명과 함께 한 시대가 저물고 있다. 보이는 것은 석양이고, 서 있는 곳이 벼랑이다. 하지만 달리 보면 새로운 시대가 시작하고 있다. 보이는 것은 여명이고, 서 있는 곳이 대지다. 미래를 향해 걷자! 미래라는 광활한 대지 앞에서는 누구든 서면 벼랑이지만 걸으면 길이다. 출발점에서 나타난 사소한 차이가 거대한 격차를 낳는다는 사실도 기억하자. 이 책이 당신과 당신의 아이를 젖과 꿀이 흐르는 땅으로 안내해주길 바란다.

2023년, 청파동에서

김용규, 김유림

I

은유의
두 얼굴

은유metaphor라 하면 당신에게는 무엇이 떠오르는가? 지금 당장 생각나는 은유적 표현을 하나 머리에 떠올려보라! 혹시 '내 마음은 호수요'가 아닌가? 지금까지 우리가 만난 사람 대부분은 남녀노소를 불문하고 '은유' 하면 이 노랫말이 떠오른다고 했다. 김동명 작시, 김동진 작곡의 가곡 〈내 마음〉이 널리 사랑받고 있기 때문일 것이다.

1. 내 마음은 호수요. 그대 노 저어 오오.

    나는 그대의 흰 그림자를 안고, 옥같이 그대의 뱃전에 부서지리다.

2. 내 마음은 촛불이요. 그대 저 문을 닫아주오.

    나는 그대의 비단 옷자락에 떨며, 고요히 최후의 한 방울도 남김 없이 타오리다.

3. 내 마음은 나그네요. 그대 피리를 불어주오.

　나는 달 아래 귀를 기울이며, 호젓이 나의 밤을 새우오리다.

4. 내 마음은 낙엽이요. 잠깐 그대의 뜰에 머물게 하오.

　이제 바람이 일면 나는 또 나그네같이, 외로이 그대를 떠나가리다.

　노랫말을 보면, 이 가곡은 사랑이 시작할 때부터 끝날 때까지 일어난 마음의 변화를 아름다운 은유적 표현들로 묘사했다.

　우선 사랑이 시작하는 1절을 보자. 사랑이라는 거센 파도가 아직 일어나기 전, 내 마음은 고요하고 잔잔한 호수와 같이 평온했다. 그런데 어느 날 그대가 자꾸 "이름이 뭐예요?", "전화번호 뭐예요?" 하며 다가온다. 그러자 어느덧 내 마음 안에 그대의 모습이 마치 호수에 비친 하얀 그림자처럼 들어와 앉고, 내 마음은 자꾸만 다가오는 그대에게 부딪혀 옥같이 부서지고 깨진다.

　2절에서는 사랑이 막 불붙어 마냥 조바심 나는 마음을 그렸다. 내 마음은 바람이 조금만 불어도 흔들리는 촛불과 같다. 그래서 그대가 저 문을 닫아 흔들려 꺼지려 하는 내 마음을 진정시켜달라고 한다. "나 사랑해?"라고 되묻지 않게 해달라는 뜻이다. 그러면 나는 그대의 비단같이 곱고 부드러운 몸짓 하나에도 예민히 반응하며 나의 모든 것을 아낌없이 바치겠다는 고백이다.

그러나 사랑할수록 쓸쓸해지는 것이 사람의 마음인지라, 3절에서 내 마음은 이미 언제든 홀연히 떠나려는 나그네가 되었다. 그래서 그대가 나를 위해 피리를 불어 호젓이 떠나려는 내 마음을 달래어달라는 것이다. 그러면 나는 밤을 새워서라도 그대를 기다리겠다는 마음이다. 하지만 결국 이별의 순간이 다가와 4절에서 내 마음은 이미 메마른 낙엽이 되었다. 그래도 남은 정 때문에 잠시만이라도 그대의 뜰에 머물게 해달라고 애원한다. 그러다 이윽고 바람이 불면 나는 외로이 그대를 떠나갈 것이라는 내용이다.

이 노랫말은 이렇듯 우리가 사랑할 때와 헤어질 때 느끼는 모든 감정을 마치 한 편의 드라마처럼 차례로 섬세하게 묘사해놓았다. 그래서 모두가 사랑하는 가곡이 되었을 것이다. 하지만 그것만이 전부가 아니다. 알고 보면 이 노래에는 무릎을 '탁' 칠 만큼 탁월한 은유적 표현들이 들어 있다. 그래서 많은 사람의 뇌리에 알게 모르게 또렷이 새겨져 남아 있다. 우리가 이제부터 주목하고자 하는 것이 바로 이것인데, 앞에 소개한 노랫말 가운데는 '내 마음은 호수요', '내 마음은 촛불이요', '내 마음은 나그네요', '내 마음은 낙엽이요'가 은유적 표현이다.

은유를 규정해온 세 가지 방법

은유에 대해 최초로 정의를 내린 아리스토텔레스Aristoteles, 기원전 384~기원전 322는 《시학》에서 은유를 "어떤 것에다 다른 낯선allotrios 어떤 것에 속하는 이름을 옮겨놓는 것epiphora"(《시학》, 21)이라고 규정했다. 얼핏 보면 어려운 말 같지만, 아니다. 우선 '내 마음은 호수요'를 보자. 호수는 '사면이 육지로 싸이고 땅이 우묵하게 들어가 물이 괴어 있는 장소'의 이름이다. 그 때문에 내 마음에는 '낯선' 다시 말해 '전혀 무관한' 또는 '어울리지 않는' 이름이다. 그것을 내 마음에다 옮겨놓음으로써 내 마음의 평온함과 고요함을 표현한 것이 '내 마음은 호수'라는 은유적 표현이다.

오늘날 어문학자들은 말을 조금 바꿔 은유를 '보조관념vehicle을 통해 원관념tenor을 나타내는 표현법'으로 정의한다. 역시 어려운 말이 아니다. '내 마음은 호수요'에서는 '마음'이 원관념이고 '호수'가 보조관념이다. 눈에 보이지 않아 말로 표현하기 어려운 마음의 고요함과 평온함을 눈에 보이는 호수의 잔잔함을 통해 표현했다. 이런 작업을 형상화imaging라고 한다. 곧 뒤에서 보겠지만 은유의 생명은 이처럼 '보조관념으로 형상화된 이미지'에 있다.

이어지는 '내 마음은 촛불이요'도 마찬가지다. 이 은유는 사랑이 불타오를수록 조바심 나는 내 마음을 바람이 조금만 불어도 흔들리는 '촛불'로 형상화하여 보여준다. '내 마음은 나그네요'에서는 사랑할수록 쓸쓸해지는 마음을 '나그네'로, '내 마음은 낙엽이요'에서는 사랑이 이미 식어 이별을 준비하는 마음을 '낙엽'으로 각각 형상화하여 선명한 이미지로 보여준다. 그럼으로써 은유는 원관념이 '지시하는 내용' 또는 작가나 화자話者가 '의도하는 의미'—이 책에서는 그것을 원관념의 '본질essence'이라 하자*—를 보조관념을 통해 이해하게 한다. 이것이 은유다!

그런데 20세기 후반에 조지 레이코프George Lakoff와 마크 존슨Mark Johnson의 《삶으로서의 은유》(1980)가 출간된 이후, 인지언어학자들에 의해 은유에 대한 새롭고 다양한 정의들이 추가되었다. 그중 대표적인 것이 레이코프가 1994년에 발표한 논문 〈은유란 무엇인가?〉에서 규정한 것인데, 여기에서 그는 은유를 "어떤 하나의 정신적 영역을 다른 정신적 영역에 의해 개념화하는 방식"[1]이라고 규정했다. 그리고 기존의 어문학자들이 원관념이

---

* 언어학자들은 원관념이 '지시하는 내용' 또는 '의도하는 의미'를 보통 핵심 의미core meaning 혹은 은유적 의미metaphorical meaning라고 부른다. 또는 그것이 원관념과 보조관념을 연결하는 기반이라는 뜻으로 토대ground라고도 일컫는다. 그러나 우리는 그것을 원관념 속에 들어 있는 실재적 의미라는 뜻으로 본질적 의미essential meaning, 간략히 '본질'이라 부르기로 한다.

라고 부르던 것을 '목표영역Target Domain'이라 하고, 보조관념이라고 부르던 것을 '근원영역Source Domain'이라 일컫는다.* '내 마음은 호수요'에서는 '마음'이 목표영역이고 '호수'가 근원영역이다. 학자들은 이 새로운 주장을 보통 개념적 은유 이론conceptual metaphor theory이라고 부른다.

무언가 또 머리에 쥐가 나게 하는 이야기 같지만, 역시 어려운 게 아니다! 이를테면 '내 마음은 호수요'는 심리적 영역에 속하는 '내 마음'을 물리적 영역에 속하는 '호수'로 개념화한 은유적 표현이라는 뜻이다. 따라서 얼핏 보면 현대 인지언어학자들의 은유에 대한 정의가 "어떤 것에다 다른 낯선 어떤 것에 속하는 이름을 옮겨놓는 것"이라는 아리스토텔레스의 정의나 '보조관념을 통해 원관념을 나타내는 표현법'이라는 현대 어문학자들의 수사학적 정의와 크게 다를 것이 없어 보인다. 그런데도 이들 사이에는 분명한 차이가 존재한다.

은유에 관한 기존의 수사학적 정의들과 현대 인지언어학적 정의 사이의 결정적 차이는 아리스토텔레스가 '이름'이라고 한 그 자리에 '정신적 영역'이라는 용어를 가져다놓고, 오늘날 어문

---

* 인지언어학자들은 '목표영역'과 '근원영역'이라는 전문용어를 사용하지만, 이 책에서는 우리에게 익숙한 원관념과 보조관념이라는 용어를 사용하기로 한다.

수사학적 정의	인지언어학적 정의
언어의 문제	사고의 문제
표현 방식	개념화 방식
수사법의 한 형식	정신의 보편적 형식

도식 1

학자들이 '표현법'이라고 규정한 것을 '개념화하는 방식'이라는 말로 바꾸어놓은 것에서 나온다. 그럼으로써 이 새로운 이론은 은유를 '언어의 문제'가 아니라 '사고의 문제'로, '표현 방식'이 아니라 '개념화 방식'으로, '수사법의 한 형식'이 아니라 '정신의 보편적 형식'으로 바꿔놓았다. 그 결과 은유(내 마음은 호수다)는 동일률(내 마음은 내 마음이다)과 모순율(내 마음은 내 마음이 아닌 것이 아니다)에 이어 인간 정신의 원초적이고 근본적인 사고 패턴 가운데 중요한 하나가 되었다.

　　지금까지 우리는 지난 2,300년 동안, 시대에 따라 변천한 은유에 대한 중요한 세 가지 정의를 살펴본 셈이다. 그런데 이 세 정

의는 은유를 그 구조에 따라 규정한 것이라 할 수 있다. 이제 은
유를 다른 측면에서―곧 그것이 어떤 일을 하는가 하는 기능에
따라―새롭게 조명해보고자 한다. 왜냐하면 이 책의 주된 관심
은 이론보다는 실용,[2] 곧 당신의 설득력과 창의력을 향상하는 데
에 있기 때문이다.

01. 은유는 설득의 아버지다

은유가 하는 일 가운데 중요한 하나는 원관념에 대한 이해를 돕는 것이다. 앞에서 살펴보았듯이 은유는 지각할 수 없어 이해하기 어려운 원관념을 지각할 수 있고 이해하기 쉬운 이미지로 형상화한 보조관념을 통해 쉽고 정확하게 이해하게 한다. 그럼으로써 상대를 설득한다. 다시 가곡 〈내 마음〉으로 돌아가보자. '마음'이란 볼 수도 없고, 듣거나 만지거나 냄새 맡을 수도 없는 추상적 개념이다. 그렇기 때문에 상대는 그것이 어떤지를 알 수 없다. 그런데 그것을 지각할 수 있는 '호수', '촛불', '나그네', '낙엽'으로 형상화한 보조관념들이 사랑이 진행되면서 변화하는 내 마음을 상대가 이해하기 쉽게 한다.

우리는 '내 마음은 호수요'와 '내 마음은 촛불이요'라는 은유를 각각 다음과 같이 도식화diagraming할 수 있다.

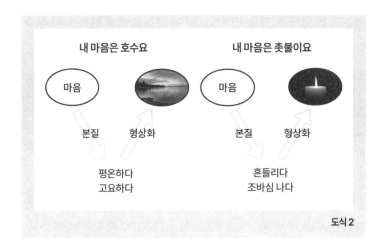

내 마음은 호수요   내 마음은 촛불이요

마음   마음

본질   형상화   본질   형상화

평온하다   흔들리다
고요하다   조바심 나다

도식 2

그런데 상대가 이해하기 쉽게 한다는 것이 무엇을 의미하는 가? 그것은 당신의 말이나 글의 표현력과 설득력을 높인다는 뜻이다. 그럼으로써 상대를 공감하게 하여 의사소통을 원활하게 한다. 이것이 수사학적 기법으로서 은유가 하는 일, 곧 은유의 첫 번째 역할이다.

　여기에서 우리는 시인이 시를 지을 때나 작사가가 노랫말을 만들 때 외에도 정치인이 연설할 때, 종교인이 설교할 때, 인문학자나 사회학자가 자신의 이론을 발표할 때, 특히 자연과학자가 대중에게 자신의 발견 또는 발명에 관해 설명할 때, 선생님이 학생들을 교육할 때 왜 자주 은유를 사용하는지, 또 사용해야만

하는지를 쉽게 짐작할 수 있다. 먼저 고전적인 예부터 하나 살펴
보자.

호메로스의 설득

'아킬레우스는 사자(혹은 늑대)다'는 고대 그리스의 음유시인 호
메로스Homeros, 기원전 8세기가《일리아스》곳곳에서 사용한 은유다.

   1) 뒤늦게 온 사자는 슬픔을 이기지 못하고

       혹시 어디서 발견하게 될까 하고 사람의 발자국을 찾아

       숱한 계곡을 헤매니, 격렬한 분노가 그를 사로잡았기 때문이다.

                          —《일리아스》, 18, 320~322

   2) 헥토르여, 잊지 못할 자여! 내게 합의에 관해 말하지 마라.

       사자와 사람 사이에 맹약이 있을 수 없고

       늑대와 새끼 양이 한마음 한뜻이 되지 못하고

       시종일관 서로 적의를 품듯, 꼭 그처럼

       나와 너는 친구가 될 수 없으며, 우리 사이에

맹약이란 있을 수 없다.

—《일리아스》, 22, 261~266

1)은 사랑하는 친구 파트로클로스를 헥토르에게 잃은 아킬레우스가 전장에 뛰어들 때의 모습을 묘사한 글이고, 2)는 헥토르가 결전을 앞두고 아킬레우스에게 누구든 상대의 목숨을 빼앗게 되면 사체를 모욕하지 말고 돌려주기로 약속하자고 제안했을 때, 아킬레우스가 한 답변이다.

1)과 2)에서 호메로스는 아킬레우스를 '사자'와 '늑대'로 각각 형상화했다. 이 은유적 표현들은 아킬레우스의 외모가 사자 또는 늑대와 유사하거나 동일하다는 의미가 아니다. 그것은 용맹함, 잔혹함 같은 아킬레우스의 본질이 사자 또는 늑대와 같다는 것을 드러내고 있다. 호메로스는 다른 영웅들도 종종 말, 소, 양과 같은 동물들을 보조관념으로 사용한 은유를 통해서 표현했다.

그것은 고대인들의 종교 양식 가운데 하나였던 물활론物活論, animism의 영향이라고도 볼 수 있다. 목축이 주업이었던 고대 그리스 그리고 근동 지방 사람들은 소, 양과 같은 가축과 그들의 천적인 사자, 늑대 등에도 영혼이 있다고 믿었고, 그들을 고마움의 대상 또는 두려움의 대상으로 숭배했다. 그 때문에 이런 동물이 신화나 서사시뿐 아니라 회화, 조각과 같은 미술품에도 자주 은유적으로 형상화되어 등장한다.

호메로스는 이를테면 아가멤논에게는 "소 떼 중에서 출중한 한 마리 황소"(《일리아스》, 2, 480)라는 은유를, 그리고 오디세우스에게는 "흰 암양들의 큰 무리 속을 / 누비고 다니는 털북숭이 숫양"(《일리아스》, 3, 197~198)이라는 은유를 사용했다. 우리는 '아킬레우스는 사자'와 '아가멤논은 소 떼 중에서 출중한 한 마리 황소'라는 호메로스의 은유적 표현을 각각 아래와 같이 도식화할 수 있다.

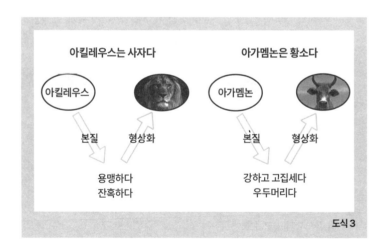

누구든《일리아스》를 처음 읽을 때는 아킬레우스와 아가멤논이 누구인지, 어떤 성격과 지위를 가진 사람인지 모른다. 그런데 어떤가? 호메로스가 형상화한 '사자'라는 이미지가 아킬레우스의 용맹·잔혹함을, '황소'라는 이미지가 아가멤논이 강하고 고집 센 우두머리임을 단번에 전달해주지 않는가? 이처럼 형상화한 보조관념을 통해 원관념의 본질을 드러내는 것, 그럼으로써 이해를 돕는 것이 은유가 하는 일이다.

프랭클린과 보들레르의 설득

다른 예를 들어보자. "시간은 돈이다"는 근대 자본주의 정신의 전도사였던 벤저민 프랭클린Benjamin Franklin, 1706~1790의 격언이다. 시간은 우리가 지각할 수 없는 추상적 개념이기 때문에 그것이 무엇이라고 말로 표현하기가 어렵다. 그런데 '시간은 돈'이라는 은유적 표현이 시간의 본질인 '소중함'을 돈이라는 보조관념을 통해 형상화하여 또렷이 드러낸다. 그럼으로써 원관념의 본질을 공감하고 이해하게 한다.

"자연은 사원寺院이다"라는 은유도 마찬가지다. 이 표현은 프

랑스의 상징주의 시인 샤를 보들레르Charles Baudelaire, 1821~1867의
〈상응〉이라는 시의 첫 구절이다. 자연 역시 추상적 개념이라 뭐
라 규정하기가 어렵다. 그런데 '사원'이라고 형상화된 보조관념
이 자연의 본질인 '신성함'을 잘 드러내 이해하고 공감하게 한다.
도식화하면 다음과 같다.

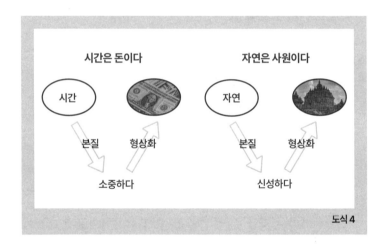

은유는 이렇듯 지각 또는 이해하기 어려운 대상의 본질을 이
미지로 형상화해 보여줌으로써 상대가 이해하고 공감하게 한
다. 요컨대 은유는 이해를 여는 열쇠다! "은유 없이 직접적으로
이해되는 개념이 하나라도 있는가?"라는 레이코프와 존슨의 말

이 그래서 나왔다.

　인지언어학의 시발점이 된 저명한 저서 《삶으로서의 은유》의 공저자인 두 사람에 의하면, 은유는 인간의 모든 사고와 언어 그리고 행동의 뿌리이자 새로운 출발이다. 그런데 어디를 향한 출발이냐고? 이건 매우 중요한 질문이다. 이 질문과 함께 우리는 은유가 하는 두 번째 역할, 그러나 사실인즉 가장 중요한 일인 새로운 생각을 만들어내는 창의에 관한 이야기로 넘어간다.

02. 은유는 창의의 어머니다

은유는 형상화된 보조관념을 통해 원관념에서는 이끌어낼 수 없는 새로운 생각을 도출하는 '놀라운' 일을 한다. 프랑스 철학자 폴 리쾨르Paul Ricoeur, 1913~2005가 《살아 있는 은유》에서 "은유는 일상 언어에서 드러나는 것과는 다른 현실의 장을 발견하고 열어 밝혀주는 데 기여한다"[3]라고 설파한 것이 그래서다. 그는 언어의 일반적 또는 문자적 의미에 반하여 은유는 문자적 의미에서 보면 "무례한" 것이 되는 새로운 의미를 생성한다는 점을 강조했다. 리쾨르는 은유가 하는 의미 생성—그는 "부가가치added value"라는 표현을 쓰곤 했다—작업 때문에, 은유는 우리가 말하는 "다른 방법other way"일 뿐 아니라 "더 많은 것을 말하는saying more" 방법이라고도 주장했다.

정말 그런지, '내 마음은 호수요'를 다시 보자. 앞에서 살펴본

대로, 이 은유는 잔잔하고 평온한 마음을 호수로 형상화해 이해를 돕는 역할을 했다. 그러나 그것이 끝이 아니다. 호수라는 보조관념은 원관념인 '내 마음'에서는 도저히 나올 수 없는 새로운 생각을 이끌어내는 일을 한다. 이것을 우리가 창의創意, create라 하는데, "그대 노 저어 오오"가 그것이다. 누구든 마음에서는 노를 저어 올 수 없다. 그런데 내 마음이 호수라면 그대가 노櫓를 저어 올 수 있지 않은가!

"그대의 흰 그림자를 안고"는 어떤가? 또 "옥같이 그대의 뱃전에 부서지리라"는 어떤가? 잔잔한 호수이기 때문에 물 위에 비치는 그대의 그림자를 자기 안에 안을 수도 있고, 호수이기 때문에 배처럼 다가오는 그대 앞에 물거품처럼 부서질 수도 있지 않겠는가. 이 모두가 '내 마음'이라는 원관념에서는 이끌어낼 수 없고, 오직 '호수'라는 보조관념에서만 나올 수 있는 새로운 생각들이다. 은유는 이렇듯 새로운 생각을 이끌어내는 창의의 어머니이자 산실産室이다!

'내 마음은 촛불이요'는 어떤가? 촛불이니까 행여 바람에 꺼질까 문을 닫아달라는 것이 아닌가. 또 촛불이니까 '그대의 비단 옷자락에 떠는 것'이고, '고요히 최후의 한 방울도 남김없이' 불탈 수도 있는 것이 아닌가. 이런 생각은 원관념인 '마음'에서는

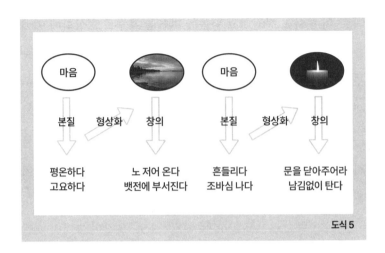

도식 5

이끌어낼 수 없다. 이 노랫말들이 창의를 이끌어내는 과정을 도식화하면 위와 같다.

이어지는 3절과 4절에서 '나그네'와 '낙엽'이라는 은유도 마찬가지다. 나그네니까 '피리를 불어달라는 것'이고, 낙엽이니까 '뜰에 잠시 머물게 해달라는 것' 아닌가. 또 '바람이 불면 떠나겠다는 것' 아닌가. 역시 마음이라는 원관념에서는 도저히 나올 수 없는 새로운 생각들을 보조관념을 통해 이끌어냈다. 이것이 은유가 하는 두 번째 일이다.

호메로스의 창의

앞에서 살펴본 다른 예들에서도 모두 마찬가지다. 우선 '아킬레우스는 사자'라는 호메로스의 은유를 보자. 이 은유는 단순히 아킬레우스의 용맹함과 잔혹함만을 이해시키는 것이 아니다. '그와 맞서 싸우지 마라'라는 새로운 생각도 이끌어낸다. 헥토르가 아킬레우스와 싸우러 성 밖으로 나가려 할 때 그의 부모가 아들에게 하고 싶은 말이 바로 이것이었다.

호메로스는 《일리아스》에 그들의 심정을 다음과 같이 묘사했다. 먼저 헥토르의 아버지인 트로이 왕 프리아모스가 늙은 손으로 백발을 쥐어뜯으며 아들에게 호소한다.

그러니 자, 성벽 안으로 들어오너라. 내 아들아! 그래야만 네가
트로이아인들과 트로이아 여인들을 구하고 펠레우스의 아들에게
큰 영광을 주지 않을 것이며, 너 자신도 달콤한 목숨을 뺏기지
않으리라. 아직도 정신이 온전한 이 아비를 불쌍히 여겨라!

—《일리아스》, 22, 56~59

헥토르의 어머니 헤카베 왕비도 눈물로 젖은 옷깃을 풀어헤

치고 젖가슴을 드러내 보이며 애원한다.

> 헥토르야, 내 아들아! 이 젖가슴을 기억하고 나를 불쌍히
> 여겨라. 내 일찍이 네게 근심을 잊게 하는 젖을 물린 적이 있다면,
> 내 아들아! 그 일을 생각하고 성벽 안으로 들어와서
> 적군의 전사를 물리치고 선두에서 그와 맞서지 마라.
>
> ─《일리아스》, 22, 82~85

'그와 맞서지 마라'. 바로 이것이 '아킬레우스는 사자'라는 호메로스의 은유에서 자연스레 도출되는 새로운 생각이다.

그뿐 아니다. 아가멤논은 "소 떼 중에서 출중한 한 마리 황소"라는 은유적 표현은 또 어떤가. 《일리아스》의 다른 장면을 보자. 아킬레우스가 자신의 전리품인 "볼이 예쁜 브리세이스"를 빼앗은 아가멤논을 죽이려 한다. 그러자 "빛나는 눈의 여신 아테나"가 뒤에서 나타나 아킬레우스의 머리를 낚아채며 귓속말로 다음과 같이 말린다.

> 나는 그대의 분노를 가라앉히려고 하늘에서 내려왔다. 그대가
> 내 말에 복종하겠다면 말이다. 그대들 두 사람을 똑같이 마음속으로

사랑하고 염려해주시는 흰 팔의 여신 헤라가 보내셨다.

그러니 자, 말다툼을 중지하고 칼을 빼지 말도록 하라.

—《일리아스》, 1, 207~210

제우스의 아내인 여신 헤라가 아킬레우스와 아가멤논을 똑같이 사랑하니, 무리의 우두머리인 아가멤논과 다투지 말고 해치지도 말라는 뜻이다. 그렇다면 아가멤논은 "소 떼 중에서 출중한 한 마리 황소"라는 호메로스의 은유에서 나온 새로운 생각은 '말다툼을 중지하고 칼을 빼지 말도록 하라', 요컨대 '복종하라'다. 우리는 호메로스의 두 가지 은유적 표현에서 창의가 각각 이끌

도식 6

어져 나오는 과정을 〈도식 6〉과 같이 나타낼 수 있다.

프랭클린과 보들레르의 창의

'시간은 돈'이라는 프랭클린의 은유는 또 어떤가? 그것은 '돈'이라는 보조관념을 통해 시간의 소중함을 이해시킬 뿐 아니라 시간을 (마치 돈처럼) '아끼다', '낭비하다', '저축하다', '빌리다', '투자하다' 등 수많은 새로운 생각과 표현을 가능하게 한다. 그럼으로써 우리의 생각뿐 아니라 일상에서 사용하는 언어를 확장한다. 실제로 '시간은 돈'이라는 프랭클린의 은유가 나오기 전에는 영어권 사람들이 '시간을 빌리다', '시간을 투자하다', '시간을 낭비하다', '시간을 아끼다', '시간을 빼앗다' 등의 말을 사용하지 않았다고 한다.

'자연은 사원寺院'이라는 보들레르의 의미심장한 은유도 보자. 이 은유로 시작하는 보들레르의 시 〈상응〉은 다음과 같이 이어진다.

자연은 하나의 사원, 그 늘어선 기둥들 사이로

때로는 혼돈의 말들을 흘려보내나니

사람은 친밀한 눈길로 그를 지켜보는

상징의 숲을 가로질러 그 안으로 들어간다.

어둠처럼 광명처럼 광활하며

컴컴하고도 깊은 통일 속에

멀리서 혼합되는 긴 메아리들처럼

향과 색과 음향이 서로 응답한다.

— 샤를 보들레르, 〈상응〉 부분

이 시는 상징주의* 미학의 근간을 이루는 '교응交應이론'을 표현한 대표적인 작품으로 평가된다. 교응이론이란 자연의 향과 색과 음향이 인간의 후각, 시각, 청각과 각각 교류하고 반응함으

---

* 상징주의symbolism는 19세기 말에 프랑스 시인들을 중심으로 사실주의·자연주의 등에 대한 반동으로 나타난 문예사조다. 상징주의의 목적은 물질세계와 정신세계 사이의 갈등을 예술을 통해 해소하는 것이었다. 따라서 상징주의자들의 주된 주장은 1)예술작품에는 사상이 들어 있어야 한다. 2)예술은 사상을 형식으로 표현하는 것이므로 상징적이어야 한다는 것이었다. 이 같은 주장은 상징주의 시인 장 모레아스Jean Moréas, 1856~1910가 1886년 9월 18일 자 〈피가로〉 지에 발표한 〈상징주의 선언문〉에 들어 있는 "예술의 본질적 원리는 사상에 감각적 형태를 씌우는 것"이라는 말에 잘 나타나 있다. 따라서 상징주의 시인들은 화가들에게도 자연의 신비와 비밀 등을 시각적으로 표현해달라고 요구했다.

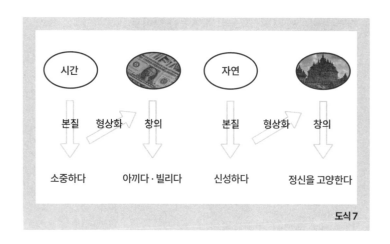

도식 7

로써—달리 말해 자연은 상징의 원천을 제공하고 인간의 감각이 그것과 서로 응답함으로써—우리를 고양된 정신세계로 이끈다는 주장이다.

따라서 '자연은 사원'이라는 보들레르의 은유는 단순히 자연의 신성함만을 전하는 데 그치지 않는다. 그것은 '마치 사원이 그런 것처럼 자연이 우리의 정신세계를 고양한다'라는 새로운 생각을 이끌어낸다.

여기에서 우리는 '은유는 어떻게 창의의 도구가 되는가'에 대한 답에 자연스레 도달한다. 은유는 이미지로 형상화된 보조관념을 통해 원관념에서는 도저히 떠올릴 수 없는 새로운 생각들을 이끌어낸다. 그럼으로써 우리의 생각과 언어를 확장한다. "은유는 천재의 표상이다"(《시학》, 22)라는 아리스토텔레스의 말이 뜻하는 바가 바로 이것이다.

그렇다면 이제 우리의 관심은 자연스레 천재들은 은유적 표현들을 어떻게 만들어낼까 하는 데에 모인다. 우리도 그들처럼 설득력 있고 동시에 창의적인 표현들을 만들어내고 싶기 때문이다.

II

은유는
어떻게
만들어지나

우선 시인들에게 물어보자. 그들이 시를 쓸 때 어떻게 은유적 표현들을 만드는가를. 왜냐하면 이들이야말로 설득력이 높고 참신한 은유적 표현을 항상 갈망하고 탐구하는 사람들이기 때문이다. 일찍이 아르헨티나의 시인 파블로 네루다Pablo Neruda, 1904~1973가 바로 이 비밀스러운 물음에 솔직하게 답했다. 그것도 〈시La Poesia〉라는 시로 말이다.

　그래 그 무렵이었어 (……) 시가

　나를 찾아왔어. 난 몰라. 그게 어디서 왔는지,

　모르겠어. 겨울에서인지 강에서인지.

　언제 어떻게 왔는지 나는 모르겠어,

　아냐, 그건 목소리가 아니었고, 말도,

침묵도 아니었어,

하지만 어느 거리에선가 날 부르고 있었지.

밤의 가지들에서

느닷없이 모르는 사람들 틈에서

격렬한 불길 속에서

혹은 혼자 돌아오는데 말야

얼굴도 없이 저만치 서 있다가 나를

건드리곤 했어.

—파블로 네루다, 〈시〉 부분

한마디로, 자신이 시를 어떻게 만들었는지 모르겠다는 고백이다. 언제 어디에서 어떻게 왔는지 모르는데, 여하튼 시가 자기를 찾아왔다고 한다. 시가 대표적인 은유적 표현물인 것을 감안하면, 네루다의 저 말은 자기가 쓴 은유적 표현들이 어떻게 생겨났는지를 모르겠다는 뜻이기도 하다. 실로 놀랄 만한 고백이 아닌가. 왜냐하면 1971년에 노벨 문학상을 받은 네루다는 시인들 가운데서도 뛰어난 은유적 표현을 구사하는 인물로 널리 알려져 있기 때문이다. 어디 그뿐인가? 또 다른 시인의 경탄도 있다.

그래, 그랬어. 스무 살 무렵이었지. 나는 날마다 저문 들길에 서서 무엇인가를 기다렸어. 강물이 흐르고, 비가 오고, 눈이 오고, 바람이 불었지. 외로웠다니까. 그러던 어느 날 시가 내게로 왔어. 저 깊은 산속에서 누가 날 불렀다니까. 오! 환한 목소리, 내 발등을 밝혀주던 그 환한 목소리, 詩였어.

이것은 김용택 시인이 자신이 사랑하는 시를 모은 《시가 내게로 왔다》라는 책을 출간하면서 네루다 시에 대해 자신의 체험을 덧붙여 쓴 글이다. 그 역시 자신의 시가 어떤 의식적 사고에 의해서가 아니라, 불현듯이 찾아온 어떤 영감에서 얻어졌다고 고백하고 있다. 이 외에도 숱한 시인들이 같은 고백을 했다. 아마 당신도 그 같은 말을 듣거나 읽은 적이 한두 번은 있을 것이다. 그렇다면 시인들이 시에 생명을 불어넣는 은유적 표현이 어디서 어떻게 생겨났는지 모르겠다는 고백은—설령 그것이 믿기 어렵다고 하더라도—믿을 만하다 하겠다.

그래서인지 아리스토텔레스도 이미 2,300년 전에 은유를 두고 "이것만은 남에게 배울 수 없는 것"(《시학》, 22)이라고 못 박았다. 그뿐 아니다. 독일의 철학자 이마누엘 칸트도 같은 의미에서 다음과 같은 말을 남겼다.

사람들은 뉴턴이 그의 불후의 저작 《자연철학의 수학적 원리》에서 논술한 것을—그것을 이해하는 데에 아무리 뛰어난 두뇌가 필요하다 할지라도—모두 능히 배울 수 있다. 그러나 사람들은 시 예술을 위한 지시규정들이 아무리 상세하고, 그 범례가 아무리 탁월하다고 할지라도 재기 넘치게 시 짓기를 배울 수는 없다.

—《판단력 비판》, B183~184

그렇다면 절망이다. 2,000년이 넘는 시차를 두고 시인도, 철학자도 한결같이 같은 말을 하지 않는가. 시는, 은유는 배울 수 있는 것이 아니라고! 정말일까? 결론부터 말하자면, 이런 말은 예전에는 맞고 지금은 틀리다. 그토록 오랫동안 풀리지 않는 신비로 남아 있던 은유의 창조과정이 지난 30여 년 사이에 인지과학자들의 다양한 연구 덕분에 서서히 밝혀졌기 때문이다.

예전에는 맞고 지금은 틀리다

인지과학자 질 포코니에Gilles Fauconnier와 마크 터너Mark Turner가 함께 쓴 《우리는 어떻게 생각하는가》에 의하면, 은유는 우리 뇌가 부단히 그리고 활발하게 전개하는 개념적 혼성conceptual blending의 산물이다.¹ 뭔가 또 어려운 이야기 같지만, 알고 보면 전혀 그렇지 않다. 이해를 여는 열쇠는 우리말로 '혼성混成'이라고 번역된 '블렌딩blending'이라는 말에 있다. 블렌딩이 뭔가? 당신도 익히 들어 잘 아는 용어다. 이를테면 커피숍에서 바리스타가 서로 다른 품종의 커피 원두를 적절히 섞어 새로운 맛을 창조해내는 것이 블렌딩이다.

이처럼 우리의 뇌가 서로 다른 지식과 경험 영역에서 끄집어낸 두 개 이상의 개념을 서로 섞어 새로운 개념을 만드는 것이 개념적 혼성이다.* 예를 들어 설명하자면, 전기공학적 영역에 속하는 '악성코드'라는 개념과 생물학적 영역에 속하는 '바이러스'라는 개념이 혼성 공간에 투사되어 압축 또는 통합을 이루어 '컴퓨터 바이러스'라는 은유적 합성어가 새로 만들어졌다는 것이다.

포코니에와 터너는 이 같은 혼성이 우리의 정신에서 '무의식적' 내지 '무의지적'으로 일어난다고 한다. 물론 그렇다고 해서 아무 근거조차 없이 마구 섞는 식으로 압축 또는 통합되어 이뤄

---

* 포코니에와 터너는 각각의 지식과 경험 영역을 '정신공간mental spaces'이라 부르고, 혼성이 일어나는 정신공간을 '혼성공간blending spaces'이라 한다.

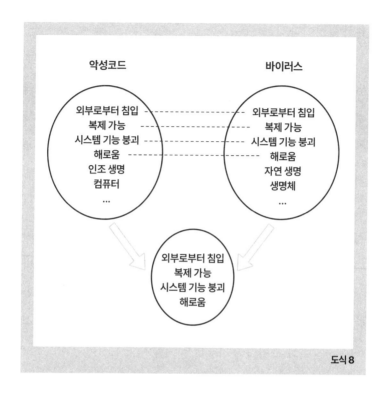

도식 8

지는 것은 아니다. 우리의 정신은 수많은 개념 가운데 서로 대
응하는 요소가 존재하는 적합한 개념들을 찾아 짝을 맺게 한다.
〈도식 8〉에서 보듯이 컴퓨터 바이러스라는 새로운 개념은 '악성
코드'와 '바이러스'가 각각 컴퓨터와 사람의 몸에 미치는 대응 요
소들—외부로부터 침입, 복제 가능, 시스템 기능 붕괴, 해로움
등—이 혼성 공간으로 투사되어 짝을 맺음으로써 만들어진 은

유적 합성어다.[2]

마찬가지로 앞에서 든 예인 '내 마음은 호수요'라는 노랫말도 우리의 정신이 심리적 영역에 속하는 '내 마음'과 물리적 영역에 속하는 '호수'라는 두 개념 사이에 공통으로 존재하는 '잔잔하다', '평온하다' 같은 요소들을 대조해 혼성 공간에서 짝을 맺게 해 만들어진 은유적 표현이라고 볼 수 있다.

여기서 우리가 주목해야 할 것은 이 같은 개념들의 짝 맺기가 거의 '무의식적으로', '무의지적'으로 일어난다는 사실이다. 한마디로 이 같은 개념적 혼성이 일어나는 우리의 정신은 '컴퓨터 바이러스'와 같은 은유적 합성어나 '내 마음은 호수'와 같은 은유적 표현들이 무의식적 내지 무의지적으로 만들어지는 분주한 산실이자 상상력과 창의력이 작동하는 거대한 실험실인 셈이다.[3] 바로 여기에 우리가 풀어야 하는 문제가 있다.

개념적 혼성 이론은 우리에게 은유의 인지과학적 생성과정을 알려준다는 의미에서 흥미롭고 유용하지만, "시가 내게로 왔어 / 난 몰라, 그게 어디서 왔는지"라는 네루다의 고백이 지닌 문제를 해결하는 데에는 아무런 도움이 되지 않는다. 왜냐하면 혼성이 우리의 정신에서 무의식적으로, 그리고 무의지적으로 이뤄지기 때문이다. 한마디로, 혼성 이론은 우리가 의식적으로 은유적 표현을 만들거나 학습하는 데—예컨대 당신이 시를 쓰거나 시 쓰기를 배우려 할 때—에는 여전히 별 도움이 되지 않는다.

그렇다면 혼성 이론이란 학적으로는 흥미로울지 모르나 실용적 측면에서는 소용이 없지 않은가? 누군가는 그렇게 생각할 수도 있다. 하지만 아니다. 개념적 혼성이 무의식적·무의지적으로 일어난다는 말이 우리가 은유를 배우거나 훈련해 스스로 구사하는 능력을 기를 수 없다는 것을 의미하진 않는다. 왜냐하면 레이코프와 그의 동료들이 밝혀낸 인지언어학 이론을 바탕으로 시인의 뇌에서 자신도 모르는 사이 무의식적·무의지적으로 일어나는 은유적 사고의 과정을 투시하는 것이 가능해졌기 때문이다.

은유적 사고의 패턴

인지언어학에서 정의하는 무의식은 우리가 사유의 그러한 부분에 접근조차 할 수 없다는 뜻을 가진 프로이트의 무의식 개념과는 관련이 없다.[4] 인지과학에서 무의식은 우리가 "단지 주목하지 않고 성찰하지 않으면 통제할 수 없는 추론의 모든 부분"을 가리킨다. 이 말은 우리가 보통은 지각하지 못하는 개념적 활동도 조심스레 성찰한다면 의식적인 이해를 할 수 있다는 것이다. 인지언어학자 엘리자베스 웨흘링Elisabeth Wehling은 스승인 레이코프와의 대담에서 이 말을 다음과 같이 했다.

> 만약 사람들이 그러한 시간을 투자한다면, 자신이 보통은 계속 자각하지 못하는 개념적 기제에 대한 의식적인 이해에 도달할 수도 있죠. 결국 이것이 바로 인지과학 연구에서 우리가 하는 일이고요. 인지과학은 인간의 일상 인지와 일상 언어의 무의식적인 부분을 탐구하니까요.[5]

그래서 우리는 전통적인 은유 이론과 새로운 인지과학적 이론들을 바탕으로 인간 정신이 다양한 은유적 표현들을 만들어내는 과정을 차례로 추적해 정리했다. 그리고 그것이 공통으로 지닌 패턴을 찾아 도식화했다. 이것이 다른 책에서는 볼 수 없는 이 책의 특징이자 성과라 할 수 있는데, 우리가 지금까지 보아온 '원관념→본질→보조관념→창의'로 이어지는 사고과정을 표현한 도식이 그것이다.

도식에서는 편의상 '본질→형상화→창의'와 같이도 표시하고자 하는데, 이 도식을 은유적 사고 패턴 또는 간단히 은유 패턴metaphorical pattern이라고 이름 붙여 부르고자 한다. 그리고 당신이 이 패턴을 익히고 훈련함으로써 다양한 은유적 표현들을 분석해내고, 또 스스로 만들어낼 수 있는 능력을 갖추게 하고자 한다. 이 말은 우리가 〈도식 8〉을 아래와 같이 〈도식 9〉로 바꾸어 놓음으로써 은유적 사고를 훈련하려 한다는 것을 뜻한다.

도식 9

　무슨 소리냐고? 우선 〈도식 8〉과 〈도식 9〉를 비교해보자. 앞에서 언급했듯이, 〈도식 8〉에서는 '악성코드'와 '바이러스'가 각각 컴퓨터와 사람의 몸에 미치는 대응 요소들(외부로부터 침입,

복제 가능, 시스템 기능 붕괴, 해로움 등)에 의해 뇌에서 무의식적으로 또는 무의지적으로 혼성되어 '컴퓨터 바이러스'라는 은유적 표현이 만들어졌다. 그렇기 때문에 혼성 이론 자체는 우리가 의식적으로 은유를 만들거나 학습하는 데에 도움이 되지 않는다.

그러나 '본질→형상화→창의'라는 은유적 사고 패턴으로 분석한 〈도식 9〉에서는 혼성 이론에서의 대응 요소들을 원관념의 '본질'로서 사용한다. 그리고 그것을 의식적으로 또는 의지적으로 '형상화'해 바이러스라는 보조관념을 이끌어낸다. 여기에서 '컴퓨터 바이러스'라는 은유적 합성어가 창의적으로 나온 것이다. 이 말은 컴퓨터 바이러스라는 은유적 표현은 '악성코드는 바이러스다'라는 은유적 사고에서 의식적 내지 의지적으로 그리고 순차적으로 생성된 창의적 합성어라는 것을 의미한다. 동시에 그것은 우리가 은유적 사고를 추적해 도식화하는 훈련을 할 수 있다는 것을 뜻한다.

시리즈 2권 《은유가 만드는 삶》과 3권 《은유가 바꾸는 세상》에서 당신과 함께 각 분야를 대표하는 모범적인 은유적 표현들을 〈도식 9〉와 같이 은유 패턴에 맞춰 분석해 도식화하는 방법으로 은유적 사고를 익히는 훈련을 할 것이다. 그럼으로써 당신이 표현력, 설득력, 의사소통 능력 그리고 무엇보다도 창의력을 지닌 유능한 인재가 되게끔 하자는 것이 이 책이 겨냥하는 목표다. 그것을 위해 이제부터는 '본질→형상화→창의'라는 은유적 사고 패턴이 어떻게 만들어졌는지를 잠시 살펴보자.

03. 은유를 떠받치는 두 기둥

은유 패턴은 그저 만들어진 것이 아니다. 그것은 은유가 지닌 내적 구조를 기반으로 구성되었다. 일찍이 아리스토텔레스는 《시학》에서 "은유에 능하다는 것은 서로 다른 사물들의 유사성 homoiosis을 재빨리 간파할 수 있는 것"(《시학》, 22)이라는 말로 은유에서 원관념과 보조관념 사이의 유사성을 지적했다. 이어서 그는 또한 은유를 "어떤 것에다 다른 '낯선 어떤 것allotrios'에 속하는 이름을 옮겨놓는 것"이라고 규정함으로써, 은유에 있어서 원관념과 보조관념 사이에 마땅히 있어야 하는 비유사성도 강조했다. 2,300년도 더 지난 낡은 이야기지만, 주목할 필요가 있다.

유사성과 비유사성

원관념과 보조관념 사이의 유사성과 비유사성이 은유를 떠받치는 두 개의 기둥이자, 은유가 지닌 능력들이 솟아나는 샘물이다. 둘 사이의 유사성에 의해서 이해와 설득이 이뤄지고, 비유사성에 의해서 창의가 생성되기 때문이다. 달리 말하자면 원관념과 보조관념 사이의 유사성이 강할수록 이해력과 설득력이 높아지고, 비유사성이 클수록 창의력이 강해진다.

이 말은 은유적 표현을 만들 때, 다른 무엇이 아니라 원관념과 보조관념 사이에 존재하는 유사성과 비유사성, 둘 모두가 강해지도록 고려해야 한다는 것을 뜻한다. 점검해보면 알겠지만, 앞에서 살펴본 것들이 모두 탁월한 예다. 하지만 우리가 경탄하는 또 하나의 모범적인 은유 표현을 꼽자면, 영국의 문호 윌리엄 셰익스피어William Shakespeare, 1564~1616의 역사극 《루크리스의 능욕》에 나오는 "시간은 민첩하고 교활한 파발마"(925행)를 들 수 있다.

파발마擺撥馬는 급히 소식을 전달하는 사람이 타던 말을 가리킨다. 이 은유에도 원관념인 '시간'과 보조관념인 '파발마' 사이에는 '빠르다'라는 강한 유사성이 들어 있다. 하지만 그게 다가 아니다. 보조관념인 '파발마'에는 원관념인 시간에는 전혀 낯선

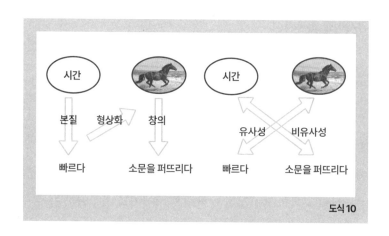

도식 10

'소식을 전하다', '소문을 퍼뜨리다'라는 비유사성이 함께 들어 있다. 원관념인 시간에서는 도저히 나올 수 없는 생각이다. 이 높은 비유사성 때문에 셰익스피어의 은유가 '시간은 민첩하고 교활하게 소문을 퍼뜨린다'라는 매우 새롭고 신선한 의미를 창조해냈다. 그렇지 않은가?

그렇다면 이제 우리는 은유적 표현을 만들어내는 의식적이고 의지적인 사고과정을 다음과 같이 추적해 순차적으로 정리할 수 있다.

1) **본질 규정하기**: 먼저 원관념을 통해 전하고자 하는 내용, 곧 원관념의 본질을 규정한다.

II.

예) 시간이라는 원관념의 본질을 '빠르다'로 정한다.

2) **형상화하기**: 그다음, 원관념의 본질과 높은 유사성을 지닌 이미지로 형상화된 보조관념을 떠올린다.

예) '빠르다'라는 '시간'의 본질과 높은 유사성을 지닌 '파발마'로 형상화한다.

3) **창의 이끌어내기**: 보조관념이 지닌 원관념과의 비유사성에서 새로운 생각을 이끌어낸다.

예) 시간은 소문을 퍼뜨린다.

이러한 사고과정을 거쳐, 우리가 지금까지 '본질→형상화→창의'로 도식화해 표기해온 은유 패턴이 나온 것이다.

그렇다고 해서 오해는 말자. 셰익스피어가 이 같은 은유 패턴을 통해 "시간은 민첩하고 교활한 파발마"라는 은유적 표현을 만들었다고 주장하려는 것이 아니다. 이 탁월한 은유는 필경 그의 천재적인 두뇌가 무의식적인 개념적 혼성을 통해 구성해낸 결과일 것이다. 그럼에도 앞에서 밝힌 대로, 이 책에서 제시한 은유 패턴을 통해 당신이 '의식적' 또는 '의지적으로' 은유를 학습하고 훈련할 수 있고, 언젠가는 셰익스피어와 같이 뛰어난 은유적 표현을 만들어낼 수 있으리라고 확신한다.

은유 도식의 두 가지 형식

이 책은 앞으로 은유 패턴을 지금까지 해온 A형식뿐 아니라, 그보다 간단한 B형식으로도 나타낼 것이다(도식 11 참조). 그리고 그 둘을 '은유 도식metaphorical diagram'이라 칭하고, 우리가 은유적 표현을 분석하고, 또 직접 만들어 활용하는 기본 패턴으로 삼고자 한다.

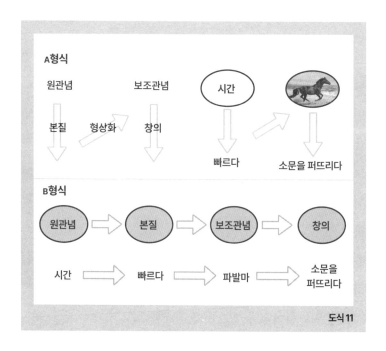

도식 11

정리해보자. 은유는 '이해를 여는 열쇠'이자 '창의의 산실'이고 또한 '천재의 표상'이다. 아리스토텔레스가 "이것만은 남에게 배울 수 없는 것"이라고 못 박았지만, 인지과학이 발달한 오늘날에 와서 보면 그 말은 일종의 '사다리 치우기'였다. 이제 우리는 은유적 사고를 익히고 훈련할 수 있는 구체적이고 실용적인 방법을 손에 쥐었다. 이 책에서 제시한 은유 패턴이 그것이다.

그런데 여기서 잠깐, 묻고 싶은 것이 하나 있다. 훈련을 통해 은유가 지닌 이 놀라운 능력—즉 표현력과 설득력 그리고 무엇보다도 창의력—을 갖게 된다면, 당신은 그것을 어디에 쓸 것인가? 아무리 좋은 도구를 가졌다 해도 어디엔가 그것을 사용해야만 빛이 나지 않겠는가? 어쩌면 당신은 언젠가 남들 앞에서 연설을 하거나 아니면 무언가 글을 쓰는 데에 유용하게 사용할 수 있을 것이라 막연히 생각할지도 모른다. 만일 그렇다면 당신은 아직도 은유를 여전히 수사법 가운데 하나로만 여기고 있는 것이다.

앞에서 언급했듯이 20세기 후반으로 접어들어 뇌신경과학과 인지과학이 발달하면서 은유가 단순한 수사법이 아니라, 우리 정신의 밑바닥에서 생각과 언어 그리고 행동마저 새롭게 만들어내는 원초적이고 근본적인 사유 패턴임이 밝혀졌다. 그럼으로써 은유의 활용 영역이 수사법이라는 담장을 훌쩍 뛰어넘어 인간의 사고영역 거의 전반으로 확장되었다. 이제부터 우리는 은유가 무슨 일을 할 수 있는지, 다시 말해 당신이 은유를 통해 무슨 마법 같은 일들을 할 수 있는지에 대해 살펴보고자 한다.

04. 은유적 표현과 은유적 사고

먼저 새겨두어야 할 말이 있다. '은유적 사고에서 은유적 표현이 나온다'라는 것이다. 이 말은 얼핏 보아 무척 당연해 보이지만 결코 당연하지 않다. 왜냐하면 우리는 무의식중에 은유적 사고와 은유적 표현이 서로 같다고 여기기 때문이다. 그래서 이 말은 그 둘이 다르다는 것, 그리고 우리가 궁극적으로 익히고자 하는 것은 은유적 표현이 아니라 그 심층에 있는 은유적 사고라는 것을 자각하게 해준다.

그렇다. 은유적 사고에서 은유적 표현이 나오므로 우리는 정신의 마술이라 할 수 있는 은유적 사고를 훈련하고자 한다. 그러기 위해서는 다음 두 가지를 특히 주목해야 한다.

1) 은유적 사고는 보통의 경우 겉으로 드러나 있지 않다. 은유적

사고 가운데 예컨대 "내 마음은 호수요"나 "자연은 하나의 사원" 처럼 겉으로 노출된 경우는 그리 많지 않다. 심지어 은유의 대표적 사용처로 알려진 시에도 은유적 표현이 그리 많이 드러나 있지 않다. 그런데도 그 심층에는 은유적 사고가 깔려 있는 경우가 대다수다. 예를 들어 살펴보자. 다음은 기형도1960~1989 시인의 〈빈집〉이다.

사랑을 잃고 나는 쓰네

잘 있거라, 짧았던 밤들아
창밖을 떠돌던 겨울 안개들아
아무것도 모르던 촛불들아, 잘 있거라
공포를 기다리던 흰 종이들아
망설임을 대신하던 눈물들아
잘 있거라, 더 이상 내 것이 아닌 열망들아

장님처럼 나 이제 더듬거리며 문을 잠그네
가엾은 내 사랑 빈집에 갇혔네

— 기형도, 〈빈집〉

II.

은유적 표현은 은유적 사고의 산물이다

이 시에서는 수사법으로서의 은유법이 사용된 표현은 찾아볼 수 없다. 단지 '밤', '겨울 안개', '촛불', '흰 종이'와 같은 상징들과 "장님처럼 나 이제 더듬거리며 문을 잠그네"라는 직유법이 한 번 쓰였을 뿐이다. 그럼에도 이 시를 떠받치는 기둥은 '나는 빈집이다'라는 은닉된 은유적 사고다.

조금 자세히 설명하자면, 이 시를 구성하는 은유적 사고의 원관념은 '나'다. 그것의 본질은 '사랑을 잃다', '텅 비었다'이고, 그것을 형상화한 보조관념이 '빈집'이다. 그리고 거기서 나온 창의가 '문을 잠그다'이다. 도식으로 표현하면 다음과 같다.

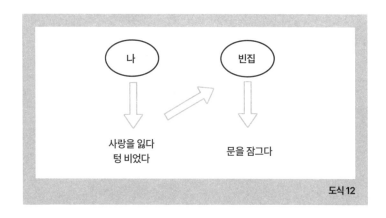

이처럼 '은닉된 은유적 사고'들을 찾아내 도식화하는 작업이 은유를 훈련하는 아주 좋은 방법이다. 나중에 우리는 시리즈 2권에서는 시, 동시, 동요, 노랫말 그리고 각종 예술작품을 다루면서, 3권에서는 인문학, 사회과학, 자연과학 그리고 정치를 대상으로 이런 훈련을 집중적으로 해볼 것이다.

2) 은유적 사고는 시와 노랫말 같은 '언어적 표현'에만 들어 있는 것이 아니라 회화, 조각, 음악, 무용과 같은 '비언어적 표현'에도 들어 있다. 요컨대 모든 은유적 표현은 은유적 사고가 장르마다 다른 수단과 방법으로—예를 들면 시와 산문에서는 수사법으로, 학문에서는 전문용어로, 회화와 조각에서는 색과 형태로, 음악에서는 선율과 리듬으로, 무용에서는 동작으로—형상화된 일종의

II.

결과물이다.

　레이코프와 존슨 같은 현대 인지언어학자들은 이 책에서 은유적 사고라고 일컫는 사유방식, 곧 우리의 생각과 언어 그리고 행위 모두를 생성하고 이해시키고 또 재생산해내는 정신의 메커니즘을 '개념적 은유conceptual metaphor' 또는 '일차적 은유primary metaphor'라는 용어로 서술했다. 두 사람이 함께 쓴 《몸의 철학》에 의하면, 그것은 우리가 아주 어린 시절부터 일상생활에서 자동적·무의식적으로 습득한 것들인데, 뇌신경학적으로 보면 '빈번하게 함께 활성화되는 뇌신경들이 서로 연결되어' 뇌신경망을 형성함으로써 생겨난 사유의 패턴들이다.*

　레이코프와 존슨은 《몸의 철학》에서 10여 개의 사례를 드는데, 그 가운데 '위up-아래down'라는 개념적 은유를 소개하자면 이런 것이다.

　행복, 의식, 좋음, 미덕, 많음 (……) 등은 '위up'라는 개념 영역

---

*　레이코프와 존슨은 우리가 경험을 개념화함으로써 그것을 사유하게 하고 형상화하게 하는 기제를 '개념적 은유'라 정의했는데, 그래디Grady, 나라야난Narayanan, 터너와 포코니에와 같은 인지언어학자들은 '개념적 은유'가 다른 모든 일상적 언어와 은유적 표현의 기초가 된다는 의미에서 그것을 '일차적 은유'라고 부른다. 일차적 은유는 목표 영역과 근원 영역 사이의 연상이 반복적 경험에 의해 직접적으로 동기화되며 무의식적으로 형성된다(조지 레이코프·마크 존슨, 임지룡 외 옮김, 《몸의 철학》, 박이정, 2011, 85~104쪽, 조지 레이코프·마크 존슨, 노양진·나익주 옮김, 《삶으로서의 은유》, 박이정, 2011, 391~394쪽 참고).

에 속하고 슬픔, 무의식, 나쁨, 질병, 악덕, 적음 (⋯⋯) 등은 '아래down' 개념 영역에 속한다. 따라서 위up라는 개념적 은유에서 언어적으로는 "나는 기분이 들떠up 있다", "모든 일이 잘되어looking up간다", "일어나라Get up", "그녀는 고상하다upright", "소득이 늘어난다going up"라는 식의 표현이 나왔다. 마찬가지로 아래down라는 개념적 은유에서 "나는 기분이 가라앉아feeling down 있다", "상황이 최악all-time low이다", "그것은 저급한 계략low trick이었다", "소득이 줄어든다fall"라는 식의 표현이 나왔다.

그뿐 아니다. 우리는 보통 행복, 좋음, 건강, 많음 등을 표현하기 위해, 제스처나 조각에서는 양손을 위로 들어 올린up 모양으로 표현하고, 회화에서는 채도 및 명도가 높은 색조high tone, 음악에서는 높은 음high tone을 사용한다. 반면 슬픔, 나쁨, 질병, 적음 등을 표시하기 위해 제스처나 조각에서는 어깨를 아래로 내려뜨린down 모습으로 표현하고, 회화에서는 채도 및 명도가 낮은 색조low tone, 음악에서는 낮은 음low tone을 사용한다.

이처럼 은유적 사고는 수사법이나 언어의 문제가 아니라 사고 또는 정신의 보편적 형식의 문제이고, 그 적용 또는 활용 범위에는 한계가 없다. 따라서 우리는 여기에서 은유적 사고와 은유적 표현의 구분을 분명히 할 필요가 있다. 은유적 표현이란 은유적 사고가 장르마다 다른 수단과 방법으로—예컨대 시와 산문에서는 수사법으로, 학문에서는 전문용어로, 미술에서는 색과 형태로, 음악에서는 선율과 리듬으로, 무용에서는 동작으로—형상화된 일종의 결과물이다. 거꾸로 이야기하자면, 인간의 모든 표현의 심층에 은유적 사고가 들어 있다.

바로 이것이 예술작품들이 지닌 창의성의 비밀이기도 한데, 더욱 놀라운 것은 이 같은 은유적 사고가 고대로부터 지금까지, 그리고 우리의 정신이 활동하는 모든 영역에서 작동해왔다는 사실이다. 이 말은 은유적 사고가 인간의 본성 가운데 하나라는 뜻이기도 하다. 레이코프와 존슨은 《삶으로서의 은유》에서 이렇게 강조했다.

은유는 대부분의 사람들에게 일상적이기보다는 특수한 언어의 문제로서 시적 상상력과 수사적 풍부성의 도구이다. 나아가 은유는 전형적으로 단순히 언어만의 특성, 곧 사고와 행위보다는 말의 특성으로 생각되어왔다. 이 때문에 대부분의 사람들은 은유 없이도 잘 살 수 있으리라고 생각한다. 그러나 우리는 은유가 우리의 일상적 삶—단지 언어뿐 아니라 사고와 행위—에 널리 퍼져 있다는 사실을 알게 되었다. 우리가 생각하고 행동하는 관점이 되는 일상적 개

념 체계의 본성은 근본적으로 은유적이다.⁶

은유는 이처럼 우리의 사고와 언어 그리고 행위 모두를 생성하고 이해시키고 또 재생산해낸다. 그럼으로써 그것들을 무한히 확장한다. 한마디로 은유는 우리의 정신이 세계를 이해하고 묘사하고 구성하고 재창조하기 위해 펼치는 신비한 마술이다! 지금 당신의 고개가 갸웃해졌을지 모르니 이쯤에서 인상적인 예를 하나 소개하고자 한다.

스핑크스와 라마수의 비밀

은유의 역사는 사람들이 보통 생각하는 것보다 훨씬 길다. 은유가 언어의 형성과 진화의 근간이라는 인지언어학자들의 주장을 따르자면, 은유의 역사가 적어도 언어의 역사만큼이나 길 것이 분명하다. 알타미라동굴Altamira cave, 기원전 3만~기원전 2만 5000년 벽화를 선사시대 사람들이 남긴 종교 회화로 간주한다면, 은유의 역사는 거기까지도 거슬러 올라가야 한다. 그러나 우리는 의심의 여지가 전혀 없는 근거를 제시할 수 있는 4,000년쯤만 되짚어 올라가자.

　기원전 2000년 무렵 우르Ur에 살았던 수메르인들이 남긴 점
토판에는 당시 탁월했던 왕 슐기Shulgi, 기원전 2094~기원전 2047 재위가
자신을 "용에게서 태어난 사나운 눈의 사자", "길 떠난 기품 있는
당나귀", "꼬리를 휘젓고 있는 말"과 같은 은유적 표현을 사용해
묘사한 구절이 기록되어 있다.[7] 호메로스의 "아킬레우스는 사
자"나 "아가멤논은 황소"라는 시구보다 적어도 1,200년이나 앞
서 있다. 흥미로운 사실은 이 시대에도 은유적 표현이 단지 언어
에만 머물지 않았다는 것이다.

　레이코프와 존슨이 주장하듯이, 은유적 사고는 인간의 가장
보편적 사고형식 가운데 하나이기 때문에 고대에도 이미 회화,
조각, 음악, 무용과 같은 비언어적 예술 영역에서 은유적 사고
를 담은 표현물이 나타났다. 대표적 예가 고대 이집트 제4왕조기
원전 2613~기원전 2500에 만들어진 스핑크스Sphinx와 메소포타미아의
아시리아 시대기원전 1100~기원전 612에 수호신이었던 라마수Lamassu
석상이다.

　당신도 알다시피, 스핑크스는 사람의 머리에 사자의 몸통을
하고 있고, 라마수 역시 사람의 머리에 황소의 몸을 갖고 있다.
그뿐 아니다. 이집트, 바빌로니아, 히타이트, 아시리아, 페르시

아, 그리스 등에서는 상체는 인간이고 하체는 말인 켄타우로스Kentauros, 사람 머리를 가진 새인 바Ba, 상반신은 사람이고 하반신은 물고기인 트리톤Triton, 사자 머리에 인간의 몸을 하고 있는 우갈루Ugallu 등과 같은 고대 조형물이 곳곳에서 발견되었다. 고미술사가들에 의하면, 고대 근동 사람들은 자신들이 섬기는 신이나 왕의 능력과 권력을 상징하기 위해 이 같은 반인반수의 은유적 조형물 또는 석상을 만들었다.

우리가 주목하고자 하는 것은 그들이 왜 신이나 왕을 반인반수의 혼합체로 표현했는가 하는 것이다. 이에 대한 전통적인 답은 고대인들이 동물을 숭상하는 애니미즘animism, 물활론의 영향을 받았기 때문이라는 것이다. 그들은 동물에게도 영혼이 있다고 믿었고, 그 때문에 신이나 왕의 석상에 인간과 동물의 특성 가운데 탁월한 것들을 함께 모아놓았다. 사람처럼 묘사된 얼굴은 그것이 인간의 지혜를 갖추고 있음을, 사자나 황소 같은 몸은 각각 그것의 용맹함과 힘셈을, 옆구리에 새겨진 날개는 그것이 새처럼 빠르고 날렵하다는 것을 뜻한다.

그러나 포코니에와 터너 등 인지과학자들의 혼성 이론을 알고 있는 우리는 이보다 흥미로운 답을 할 수 있게 되었다. 스핑크스, 라마수와 같은 반인반수 조형물은 고대인들의 정신 공간

카프레왕의 스핑크스(기원전 2550년경)   사진 1

에서 이뤄진 개념적 혼성의 결과물이자 그들이 행한 은유적 사고의 산물이라는 것이다. 〈사진 1〉과 〈사진 2〉를 보자.

　〈사진 1〉은 이집트의 기제Gizeh에 있는 제4왕조 카프레Kahfre, 기원전 2558~기원전 2532 재위왕의 피라미드에 딸린 스핑크스의 모습이다. 길이 약 70m, 높이 약 20m, 얼굴 너비 약 4m나 되는, 현존하는 스핑크스 중 가장 크고 오래된 것으로 알려진 이 석조물은 카프레왕의 얼굴에 몸통은 사자다. 각각 카프레왕의 지혜로움과 용맹함을 형상화한 것이다. 요컨대 기제의 스핑크스는 '카프레

왕은 지혜롭고 용맹스러운 사자'라는 은유적 사고에서 나온 창의적 산물이다.

〈사진 2〉는 신아시리아 시대기원전 900년경~기원전 612년경의 고대 도시 두르샤루킨Dur Sharrukin에서 발견된 라마수상이다. 파리 루브르 박물관이 보관하고 있는 높이가 4m나 되는 이 석회암 석상의 얼굴은 도시의 건설자인 사르곤 2세Sargon Ⅱ, 기원전 721~기원전 705 재위의 모습이고, 몸통은 다리가 다섯 개인 황소다. 옆구리에는 새의 날개도 새겨져 있다. 이 역시 사르곤왕의 지혜로움과 강력하

두르샤루킨의 라마수(기원전 721~기원전 705)   사진 2

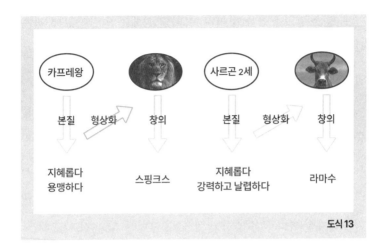

카프레왕		사르곤 2세	
본질　형상화　창의		본질　형상화　창의	
지혜롭다 용맹하다	스핑크스	지혜롭다 강력하고 날렵하다	라마수

도식 13

고 날렵함을 형상화한 것이다. 그렇다면 두르샤루킨의 라마수는 '사르곤왕은 지혜롭고 강력하고 날렵한 황소'라는 은유적 사고에서 나온 창의적 표현이 아니겠는가. 각각을 도식화하면 위와 같다.

　여기에서 잠시 생각해보자! 슐기의 '용에게서 태어난 사나운 눈의 사자'라는 언어적 표현과 거의 같은 시대인 기원전 25세기에 만들어진 비언어적 표현물인 기제의 스핑크스가 서로 다른 사고에서 나온 것 같은가? 슐기의 시와 기제의 스핑크스 안에 들어 있는 은유적 사고가 서로 다르냐는 말이다. 아니다! 만일 우르의 왕 슐기가 자신을 위해 시를 짓지 않고 석조물을 세웠다면 분명 스핑크스였을 것이다. 아니면 상체는 인간이고 하체는 말인 켄타우로스였을지도 모른다. 그가 또한 자신에게 '꼬리를 휘젓고 있는 말'이라는 은유적 표현을 사용했으니 말이다.

그렇다면 또 어떤가? 호메로스의 아가멤논은 '소 떼 중에서 출중한 한 마리 황소'라는 언어적 표현과, 그와 같은 시기인 기원전 8세기에 제작된 두르샤루킨의 라마수가 서로 다른 은유적 사고의 산물인가? 만일 호메로스가 아가멤논을 기리기 위해 석상을 만들었다면 라마수가 되지 않았을까. 그렇다! 은유적 사고가 작품을 통해 표현되었다는 점에서 그들은 전혀 다를 바 없다. 동일한 은유적 사고가 술기왕과 호메로스의 서사시에서는 언어로, 스핑크스와 라마수에서는 조형물로 형상화되었을 뿐이다.

05. 제3의 사유 패턴

은유적 사고는 이처럼 고대 시대부터 시뿐 아니라 건축이나 석
상 건립에도 이미 사용되었고, 나아가 우리의 모든 언어적 또는
비언어적 표현에 기반이 되어왔다. 그럼으로써 우리의 사고와
언어와 행위 능력을 확장해왔다. 그 결과 은유의 활용 영역이 문
학뿐 아니라 경제학, 법학, 정치학, 심리학, 수학, 자연과학 같은
제반 학문과 예술, 종교, 정치 그리고 생활 전반, 다시 말해 인간
의 정신이 활동하는 모든 분야로 무한히 확장되었다.

산타크루즈 캘리포니아대학 인지심리학과의 레이몬드 깁스
Raymond Gibbs 교수는 《메타포 워즈》에서 우리의 정신이 얼마나 은
유에 의존해 있는가를 매우 흥미로운 방식으로 표현했다. 그는
"개념적 은유에 관한 엄청나게 다양한 학술연구를 정확히 파악
하는 것은 이 책과 같이 두꺼운 책에서도 불가능하다"라면서 인

지언어학자들이 근래에 발표한 은유 관련 논문의 주제 목록만 보아도 은유의 사용 범위를 짐작할 수 있다고 했다. 그리고 자신이 관여하고 있는 학술지 3곳에 실린 최근의 은유 관련 연구의 주제 목록 73가지를 낱낱이 밝혔다.[8]

그 가운데는 '인수합병 담화 속에 개념적 은유', '홍콩의 교육 개혁안 속의 은유 충돌', '미국 이민자에 대한 은유', '체스에 대한 은유', '정신분석학 속의 은유', '동물 은유에 대한 문화 간의 분석', '다윈의 진화론 속 개념적 은유', '시간의 은유적 해석', '불교 반야심경 속 비어 있음의 은유', '번역의 개념적 은유', '페르시아 걸프전을 위한 전략적 은유 활용', '성폭행 언어 속의 은유', '법적 추론의 은유', '향수 인쇄 광고 속의 후각 은유', '미국 대통령 후보 토론 속의 은유', '20세기 예술해설에 관한 은유' 등이 포함되어 있다.

어떤가? 몇 개반 골라보아도, 은유가 관여하지 않는 인간의 정신 활동은 없어 보이지 않는가? 그렇다. 한마디로 은유는 우리의 정신이 세계를 이해하고 묘사하고 구성하고 재창조하기 위해 펼치는 신비한 마술이다. 달리 말하자면 은유가 우리의 삶을 만들고 세상을 바꾼다. "무엇보다도 위대한 것은 은유의 주인이 되는 것이다"라는 아리스토텔레스의 말이 그래서 나왔다. 프

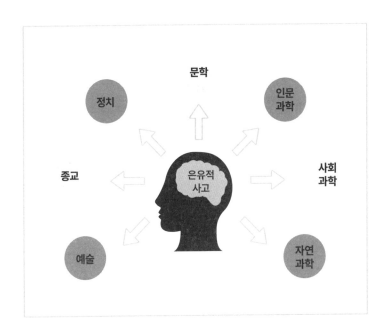

랑스 철학자 자크 데리다Jacques Derrida, 1930~2004의 말 역시 마찬가
지다.

은유가 없다면 무슨 일이 벌어질까? 이것은 아주 오래된 주제이다.
[은유는] 마음을 빼앗고, 서구를 지배하고, 독점하고 있으며, 우리는
거기에 거주하고 있다.[9]

은유 없이는 오늘날 우리가 누리는 삶도, 우리가 경험하는 세상도 없다는 뜻이다.

당신도 알다시피, 우리가 지닌 정신의 가장 근본적 사유법칙은 'A는 A다'(예: 산은 산이다)라는 동일률law of identity과 'A는 ~A가 아니다'(예: 산은 산이 아닌 것이 아니다)라는 모순율law of contradiction이다. 이 둘을 기반으로 논리학을 구축한 아리스토텔레스 이후, 동일률과 모순율은 지난 2,400년 동안 인간의 모든 이성적 사고와 학문을 구축하고 사회를 지탱해온 확고한 기반이다. 그러나 여기에서는 그 어떤 창의적 사유도 발생하지 않는다. 그런데 다행히 우리의 정신 안에는 〈도식 14〉에서 보듯이 이 두 법칙 외에 'A는 B다', 예컨대 '내 마음은 호수'라는 은유적 사고 패턴이 존재한다.

은유는 동일률, 모순율에서 벗어나는 사유방식이다. 그 때문에 프링스 소르본대학의 언어학자 진 코언Jean Cohen, 1919~1994과 영국 옥스퍼드대학의 언어철학자 길버트 라일Gilbert Ryle, 1900~1976 그리고 미국의 예술철학자 먼로 비어즐리Monroe Beardsley, 1915~1985는 은유를 각각 "의미론적 무례함semantic impertinence", "범주의 오류category mistake", "논리적 부조리logical absurd"라고 비판적으로 평가하기도 했다. 하지만 은유는 우리의 정신이 활동하는 모든 분야에

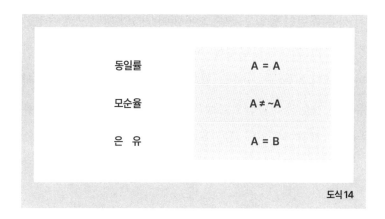

동일률	A = A
모순율	A ≠ ~A
은 유	A = B

도식 14

서 작동하며, 바로 여기에서 모든 창의적 사고가 나온다는 사실
이 현대 인지과학자들에 의해 밝혀졌다.

　이 말은 만일 우리에게 은유라는 제3의 사유 패턴이 없었다면
우리의 정신 활동은 극히 제한되어 일부 고등동물 수준에서 크
게 벗어나지 못했으리라는 뜻이다. 개도 주인(A)과 주인 아닌 사
람(~A)을 구분한다는 점에서 개 또한 낮은 수준의 동일률과 모
순율에 의한 사고를 한다고 볼 수 있다. 하지만 그 어떤 개도 '내
마음은 호수요. 그대 노 저어 오오' 같은 은유적 사고를 하지 못
한다. 은유가 사고와 언어와 행동을 '인간답게' 한다. 그럼으로써
인간적 삶과 세계를 구성하고 창조한다.

　그래서 이 책에서 은유를 인간 정신을 구축하는 두 개의 시원

적 사유 패턴인 동일률, 모순율에 이어 '제3의 패턴'으로 규정한
것이다. 이 말은 은유를 전통 어문학자들처럼 수사법 가운데 하
나로 보지 않을 뿐 아니라, 현대 인지과학자들처럼 보편적 사
유형식 가운데 하나만으로 보지도 않는다는 것을 뜻한다. 은유
는 인간 정신만이 지닌 가장 중요한 시원적 사유 패턴이다.

아리스토텔레스의 그릇된 선택

아리스토텔레스는 은유적 사고의 중요성을 당시 누구보다 더 잘
알고 있었다. 하지만 은유적 사고보다 논리적 사고의 구축이 더
중요하다고 여겼던 그는 은유 대신 'A와 ~A의 사이에는 그 어떤
중간자中間者가 없다(A∨~A)'라는 배중률排中律, law of excluded middle을
징신의 제3의 법칙으로 삼았다. 그럼으로써 최초의 형식논리학
이라 할 수 있는 삼단논법syllogism을 '참'과 '거짓' 두 가지 진리치만
허용하는 '이치논리'라는 흔들리지 않는 반석 위에 올려놓았다.
아리스토텔레스는 《형이상학》에서 다음과 같이 주장했다.

두 개의 모순된 것 사이에는 아무것도 없으며, (따라서) 하나(의 주

어)에 대해서는 (모순되는 두 술어 중) 어떤 것을 긍정하거나 부정하거나 둘 중 하나만을 해야 한다.

—《형이상학》, 1011b

한마디로 '산山'과 '산이 아닌 것' 사이에는 아무것도 없다는 것이다. 그러나 "신은 밤이며 낮이고, 겨울이며 여름이고, 전쟁이며 평화이고, 포만이며 굶주림이다"(DK* 22B67), "대립하는 것 antixoun은 한곳에 모이고, 불화하는 것들tōn diapherontōn로부터 가장 아름다운 조화가 생긴다"(DK 22B8)라고 주장한 헤라클레이토스를 비롯하여 피타고라스, 아낙시만드로스와 같은 고대 자연철학자들, 그리고 누구보다도 피타고라스와 같은 소피스트들, 심지어는 아리스토텔레스의 스승인 플라톤조차 배중률은 받아들이지 않았다.

왜 그랬을까? 그 이유는 무엇보다도 배중률이 우리가 경험하는 자연의 속성과 그것에 맞춰져 있는 우리의 사고에 맞아떨어지지 않기 때문이다. 이를테면 세상에는 '뜨거운 것'과 '뜨겁지 않은 것'만 있는 것이 아니라, 그 사이에 '덜 뜨거운 것', '조금 뜨

---

* H. Diels, & W. Kranz, *Die Fragmente der Vorsokratiker*(Berlin; Weidmannsche Buchhandlung, 1st ed. 1903)를 상례에 따라 DK로 표기한다.

거운 것', '미지근한 것', '조금 미지근한 것'과 같은 중간자들이 있다는 것이 우리가 가진 자연스럽고 공통된 경험이자 사고다. 따라서 언어도 이에 맞춰 '조금 뜨겁다', '미지근하다', '약간 미지근하다'와 같이 발달하지 않았는가.

플라톤은 《필레보스》에서 "소리의 높낮이 사이에 얼마나 많은 음정들이 있으며"(《필레보스》, 17c), "더 뜨거운 것과 더 차가운 것 사이에는 언제나 '더함과 덜함'이 내재한다고 말할 수 있을 걸세"(《필레보스》, 24b)라는 식으로 중간자를 인정하고 그에 대해 깊이 숙고했다. 그리고 그것을 바탕으로 후기 이데아론을 고안했다. 그 결과 존재와 비존재, '참'과 '거짓'으로만—다시 말해 동일률과 모순율로만—이루어진 파르메니데스의 이분법적 세계를 훌쩍 뛰어넘어 자연과 사고의 질적 다양성을 설명할 수 있는 분여이론metexis을 창안해낸 것이다. 그리고 자신의 이론을 '프로메테우스의 선물'*이라고 스스로 자랑스레 평가했다.(《필레보스》, 16c~17a)

---

* 플라톤은 《필레보스》에서 자신이 소개하려는 '분여이론'을 다음과 같이 평가한다. "내가 보기에는 그것은 신들이 인간들에게 준 선물 같네. 그것은 신들이 프로메테우스 같은 신을 통해 가장 찬란한 불과 함께 하늘에서 내려준 것 같다는 말일세."(플라톤, 천병희 옮김, 《필레보스》, 도서출판 숲, 2016, 16c) 이런 연유에서 학자들은 플라톤의 분여이론을 "프로메테우스의 두 번째 선물die zweite Prometheus-Gabe"이라고도 일컫는다.

그뿐 아니다. 아우구스티누스, 쿠사누스와 같은 고대와 중세 신학자들도 배중률을 인정하지 않았다. 그 대신 "신은 아버지이면서 동시에 아들Pater et Filius이다"나 "하나이면서 모두uniformis et omniformis이다", "예수는 진정한 신이면서 진정한 인간verus Deus et verus Homo이다"와 같이 A이면서 동시에 ~A라는 '이중논변'(A ∧ ~A, dissoi logoi)을 즐겨 사용했다. 오늘날 공학에서 주로 사용되는 다치논리many-valued logic와 퍼지논리fuzzy logic*에서도 배중률은 인정되지 않는다.

아리스토텔레스가 배중률을 우리 정신이 지닌 세 번째 시원적 법칙으로 선택하고, 은유를 천재의 표상이지만 남에게 배울 수는 없는 것으로 규정한 것은 잘못이었다. 물론 세상일이란 얻는 것이 있으면 잃는 것도 있기 마련이다. 아리스토텔레스의 선택 덕분에 이치논리학이 정립되었고, 합리적이고 이성적인 사고가 가능해졌으며, 그 위에 학문이 우뚝 섰다. 그러나 그의 선택 탓에 창의적이고 설득적인 사고가 수면 밑으로 가라앉았다.

---

* 미국의 전기공학자 로트피 자데Lotfi Zadeh, 1921~2017가 고안한 퍼지논리에서는 명제(문장, 진술)의 진리치를 1과 0 사이의 무수한 실수實數로 세분한다. 즉 '참'에 '1'이라는 진리치를 주고 거짓에 '0'이라는 진리치를 준 다음, 그 사이에 0.1, 0.2, 0.3, 0.4······뿐 아니라 예컨대 0.367, 0.78, 0.912······와 같이 이론상 무수한 실수의 진리치infinite-valued logic를 가정한다.

그렇다고 해서 은유가 플라톤이 천명한 대로 '프로메테우스의 선물'이라고 주장하려는 것은 아니다. 플라톤의 분여이론은 퍼지논리와 같은 일종의 다치논리에 해당하는 이론이다. 그러므로 은유와는 전혀 다른 사유방식이다. 이 책에서 주장하고자 하는 것은 배중률을 대신해 은유를 우리 정신이 지닌 제3의 시원적 사유 패턴으로 삼자는 것이다. 그럼으로써 인간의 모든 정신 활동에 기반이 되는 사유방식이지만—그런데도 고대로부터 한낱 수사적 기법으로 취급되어—오직 특별한 천재들만 사용해 온 은유를 체계적으로 익히고 일상적으로 사용하자는 것이다.

　은유를 우리 정신이 지닌 제3의 시원적 패턴으로 삼고자 하는 우리는 이 시리즈 2권《은유가 만드는 삶》과 3권《은유가 바꾸는 세상》에서 광범위한 은유의 활용 영역을 하나씩 살펴볼 것이다. 그리고 다양한 사례로 은유적 사고라는 신비한 마술을 학습하고 훈련할 것이다. 이를 통해 언젠가는 당신이 은유적 사고를 충분히 구사할 수 있게 될 것이고, 동일률과 모순율만으로 사고하던 때보다 더 풍요로운 삶을 살게 될 것이며, 훨씬 창의적이고 설득력 있는 사람이 될 것이다.

　그런데 은유가 지닌 이 같은 마법적인 힘, 즉 우리의 사고와 언어와 행동을 지배하고 세계를 구성하고 창조하는 힘은 도대체 어디서 나올까? 이제 그 이야기를 조금 더 해보자. 왜냐하면 그것을 알아야 은유라는 마술을 효과적으로 학습하는 길이 보이기 때문이다.

III

은유의
힘은 어디서
나올까

은유가 지닌 마법 같은 힘의 비밀을 확인해주는 흥미로운 실험이 있다. 스탠퍼드대학교의 인지언어학 교수 폴 티보도Paul Thibodeau와 레라 보로디스키Lera Boroditsky가 2011년에 발표한 논문 〈생각의 도구로서의 은유: 추론에서 은유의 역할〉이 그것이다.

두 사람은 피실험자들을 나이, 성별, 학력, 직업, 종교, 정치 성향 등에 관계없이 무작위로 선정해 두 그룹으로 나누었다. 그리고 그룹 A에는 "범죄는 에디슨시를 먹이로 삼는 맹수다", "범죄는 가까운 곳에 숨어 우리를 노리고 있다"와 같이 범죄를 맹수에 비유한 문장이 들어간 글을 읽게 했다. 또 그룹 B에는 "범죄는 에디슨시를 감염시키는 바이러스다", "범죄는 우리 주변을 감염시킨다"와 같이 범죄를 바이러스에 비유한 문장이 들어 있는 글을 읽게 했다. 이후 모두에게 이 도시에서 증가하고 있는 범죄에

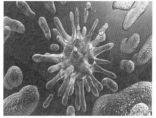

그룹 A. 범죄는 맹수다   그룹 B. 범죄는 바이러스다

대한 대응책을 제시하도록 했다.

결과가 어땠을까? 놀라웠다! 범죄를 맹수로 표현한 은유가 들어 있는 글을 읽은 그룹 A 사람들은 범죄자 색출 및 검거를 가장 중요한 대처방안으로 제시했다. 대조적으로 범죄를 바이러스로 표현한 은유를 사용한 글을 본 그룹 B 참가자들은 빈곤을 포함한 각종 범죄의 근본원인을 제거하고, 사회가 그 원인에 '감염되지 않도록' 하는 사전 예방조치를 최우선으로 꼽았다. 그룹 A에 속한 사람들과 그룹 B에 속한 사람들의 정신에서 전개된 은유적 사고를 각각 〈도식 15〉와 같이 나타낼 수 있다.

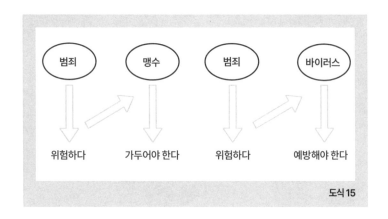

도식 15

은유가 추론에 어떤 영향을 미치는가를 알아보려고 실행했던 티보도-보로디스키 실험은 우리가 사용하는 은유가 우리가 생각하는 방식을 형성한다는 사실을 증명한 최초의 인지과학적 보고 사례로 평가된다. 실험과정과 결과를 조금 더 자세히 살펴보면, 은유는 인간 정신이 지닌 가장 견고한 사고 형식으로 알려진 이데올로기ideology보다도 더 힘이 강할 수 있다는 것을 확인할 수 있다. 피실험자들을 정치적 성향과 무관하게 선정했음에도 불구하고 그룹 A에 속한 사람들은 보수적 해법에 도달하고, 그룹 B에 속한 사람들은 진보적 처방을 끌어냈기 때문이다.

그런데 어떻게 이런 일이 일어났을까? 그것은 보조관념으로 각각 형상화된 '맹수'와 '바이러스'라는 이미지가 피실험자들의 생각을 지배했기 때문이다. 여기서 은유가 지닌 힘의 원천이 무엇인지가 분명해진다. 이미지다! 그렇다. 은유가 지닌 마법적 힘의 비밀은 모두 보조관념으로 형상화된 이미지에서 나온다. "'마술magie'과 '이미지image'는 같은 철자로 구성되어 있다"라는 말은 프랑스의 철학자 레지스 드브레Régis Debray가 이미지가 지닌 마법적 힘을 묘사하기 위해 한 말이다.[1] 은유는 이미지를 통해 우리의 정신을 강하게 사로잡아 다른 비판적 또는 반성적 사고가 들어설 틈을 주지 않는다. 과연 그런지, 또 왜 그런지 살펴보자.

06. 이미지는 힘이 세다

이미지는 우선 힘이 세다. 티보도-보로디스키 실험이 증명하듯 나이, 성별, 학력, 직업, 종교, 정치 성향 등을 뛰어넘어 사람들의 생각을 송두리째 지배할 정도로 힘이 세다. 이것은 은유가 가진 무한한 가능성을 예시하는 말이기도 하다. 또한 당신이 이 책을 통해 은유를 익히고 훈련하면 다른 사람들의 생각을 지배하고 조종하는 마술 같은 능력을 지니게 된다는 의미이기도 하다. 만약 이 말이 의심스럽다면, 흥미로운 이야기를 하나 들어보라.

"언젠가 중국의 한 황제가 궁정 수석화가에게, 그가 이전에 궁궐에 그린 벽화를 지워버리라고 명했다. 그 벽화 속의 물소리가 잠을 설치게 한다는 이유였다."[2] 드브레가《이미지의 삶과 죽음》에서 시각적 이미지가 지닌 힘을 강조하기 위해 들고나

그림 1

온 설화다. 설화이니만큼 조금은 과장되었겠지만, 황제의 궁전에 그려진 벽화가 〈그림 1〉과 같았다면 어떤가. 이해가 가지 않는가?

현대 뇌신경과학자들에 의하면, 우리의 뇌는 지각(시각, 청각, 후각, 미각, 촉각)을 통해 이미지를 받아들이는데, 사람에 따라 다를 수 있지만, 일반적으로는 오감 가운데 시각視覺이 가장 강렬하다. 이 때문에 은유적 표현을 만드는 과정에서 형상화는 대부분 시각화visualization를 통해 이루어진다. 시 가운데는 "분수처럼 흩어지는 푸른 종소리"(김광균, 〈외인촌〉)처럼 청각적 정보까지 시각화하는 경우도 종종 있다.

《이미지의 삶과 죽음》에서 드브레는 시각적 이미지의 강력함을 강조하고자 다음과 같이 독특하고 흥미로운 주장도 했다.

그리스 사람에게 산다는 것은 우리처럼 숨 쉰다는 것이 아니라 본다는 것이었다. 죽는다는 것은 곧 시력을 잃는다는 뜻이었다. 프랑스 사람은 "그는 마지막 숨"을 거두었다고 하지만, 그리스 사람은 "그는 마지막 눈길"을 거두었다고 한다. 그리스 사람은 적을 벌할 때 거세보다 눈을 뽑는 것을 더 가혹하게 여겼다. 결국 오이디푸스는 산송장인 셈이다.[3]

고대인들이 시각을 얼마나 중요시했는지를 말해주는데, 그것은 죽음의 공포와 연관되어 있다. 드브레에 의하면, 인류는 죽음에 대한 공포를 극복하기 위해 선사시대부터 알타미라동굴 벽화와 같은 그림을 그렸다. 그래서 시각적 이미지는 처음부터 종교적 성격을 띠었고, 그 때문에 인간의 정신을 강하게 휘어잡는 힘을 지니게 되었다는 것이다. 그는 다음과 같은 말도 덧붙였다.

동굴벽에서 벗어나면서 원시의 이미지는 뼈, 상아, 뿔, 가죽 등 사냥, 즉 죽어서 얻는 모든 재료와 결부된다. 매개물, 소재 또는 장식물 이상으로 시체는 곧 실제로 애도 행사의 일차적 재료였다. 최초의 예술품이 이집트 미라 아니었던가? 그들은 시신을 작품으로 여겼다. 또 최초의 화폭은 기독교 콥트파의 채색수의壽衣였다. 인류 최초의 박물관 종사자는 시체를 방부처리하는 사람이었던 것이다. 첫 번째 장식미술품은 유골함이나 단지, 장례용 토기, 큰 술잔이나 궤짝이었다. 우상을 숭배하는 로마인의 실내장식과 다르게 하려고 모자이크를 금기시하던 그리스도 신봉자도 [이미지가 지닌] 상상적 충동마저 물리치지는 못했다. (……) 이렇게 해서 기도실과 성역, 순례와 또 그에 따르는 것, 즉 황금의 봉물, 제단을 장식하는 병풍, 두 쪽을 붙인 장식 부조, 벽화, 그리고 마침내 회화가 나타났다.⁴

그래서였을까? 인류 역사를 돌아보면, 이미지는 고대에는 우상idol으로, 중세에는 성화상icon으로, 근대에는 회화와 조각 같은 예술로, 그리고 오늘날에는 영상映像으로—시대와 문명에 따라 다르게 나타났지만—언제나 인간 정신을 강력하게 지배해왔다. 드브레는 이 같은 현상을 "세 단계의 역사적 시기"로 나눠 구분하한다. 첫 번째 시기에 인류는 마술적 시선으로 우상을 불러냈고, 두 번째 시기에는 미적 시선으로 예술을 창조했으며, 세 번째 시기에는 경제적 시선으로 영상을 불러냈다고 요약했다.[5] 요컨대 어느 시기든 어떤 형식으로든 이미지는 자신의 강력한 힘으로 우리의 관습과 도덕, 종교와 권력, 인간관계와 사회집단을 통합하거나 변화시켜왔다는 것이다.

이미지가 하는 두 가지 일

우리는 티보도-보로디스키 실험을 통해 이미지가 우리의 생각하는 방식을 지배한다는 것을 확인했고 또 수긍할 수밖에 없었다. 이것이 이미지가 우리에게 하는 첫 번째 일이다. 그런데 이미지가 우리의 관습과 도덕, 종교와 권력, 인간관계와 사회집단을 통합하거나 변화시켜왔다는 드브레의 말에는 선뜻 동의하기가 쉽지 않다. 그래서 과장이나 오류가 아니냐고 반문할지 모르지만, 곰곰이 생각해보면 그렇지 않다! 이미지는 개개인의 정신을 빠르고 강력하게 지배함으로써 사회를 통합하기도 하고 변화시키기도 한다. 이것이 이미지가 우리에게 하는 두 번째 일이다.

이 말이 정확히 무엇을 의미하는지는 2002년 개최된 FIFA 한

III.

국/일본 월드컵 때 시각적·청각적 이미지가 어떤 역할을 했는지를 상기해보면 어렵지 않게 알 수 있다. 당시 5,000만 대한민국 국민은 공식 응원단인 붉은 악마들을 따라 붉은색 티셔츠를 입고, 태극기 또는 치우천왕기를 흔들며, "오~필승 코리아"를 외치거나 "대~한~민~국~" 다음에 다섯 번의 엇박자 박수를 치는 것만으로도 하나가 되었다. 그리고 4강이라는 쾌거를 이뤄냈다.

물론 시각적·청각적 이미지가 지닌 사회적 영향력이 긍정적 결과로만 드러나는 것은 아니다. 특히 정치적으로 이용될 때 그렇다. 히틀러의 나치 독일과 스탈린의 소련과 같은 전체주의 국가에서 독재자들이 시각적 또는 청각적 이미지를 어떻게 사용했는가를 살펴보면 알 수 있다. 그들은 강렬한 색과 상징적인 문양—나치의 '갈고리 십자가(卍)'나 '공산당의 낫과 망치(☭)'—으로 구성한 휘장과 깃발을 거리마다 내걸고, 당원과 시민들에게 동일한 제복을 입히고, 행진곡풍 음악에 맞춰 거리를 행진하는 것 같은 일련의 이미지 작업을 통해 사회집단을 통합하고 변화시켰다.

이는 이미지가 지닌 힘을 정치에 이용한 대표적 사례 가운데 하나이지만, 나쁜 결과를 가져온 데다 이미 널리 알려진 내용이다. 그래서 시각적 이미지가 처음부터 종교적 성격을 띠었고, 그 때문에 인간의 정신을 강하게 휘어잡는 힘을 지니게 되었다는 드브레의 주장에 좀 더 부합하는 다른 예를 소개하고자 한다. 동방정교회Eastern Orthodox Church*에서 성화상icon이 하는 역할을 살펴보는 것이다.

러시아정교회를 비롯해 지금도 전 세계에서 약 2억 5,000만 명의 신도를 확보한 동방정교회에서 성화상은 단순한 회화가 아니다. 그 자체가 종교의 본질을 드러내 보여주는 상징이자 숭배의 대상이고, 신도들의 삶과 사회를 통합하고 변화시키는 구심점이다. 이것이 성화상이 레오나르도 다빈치, 미켈란젤로, 라파엘로를 비롯한 르네상스 시기 이탈리아 화가들에 의해 그려졌던 서방의 종교화와 크게 다른 점이다. 8세기에 니케아 총대주교였던 테오파네스가 지은 성가canon에, 동방정교회에서 성화상이 지닌 의미가 잘 나타나 있다.

---

* '정교회Orthodox Church' 또는 '보편하고 사도적인 정교회'라고도 불리는 동방정교회는 기독교 교단 중 세계에서 두 번째로 교세가 큰 교단으로 약 2억 5,000만 명 이상의 신자를 갖고 있다. 동방정교회는 예수 그리스도의 지상 명령에 따라 세워진, 하나이고 거룩하고 보편되며, 사도로부터 이어오는 교회임을 자처한다. 주교들은 사도의 후계자임을 자처하고, 사도적 전승에 따라 초기 기독교 신앙을 실천하고 있다고 주장한다.

아무도 아버지의 말씀을 묘사할 수 없습니다. 그러나 오, 테오토코스여! 그가 당신으로부터 육체를 취하셨을 때 그는 자신에 대해 묘사하는 것을 허락하셨습니다. 그리고 타락한 형상을 신적 아름다움과 연합함으로써 이전의 상태를 회복시키셨습니다. 우리는 말씀福音과 성화상으로 우리의 구원을 고백하고 선포합니다.

이 성가는―신은 말씀이기 때문에 그 어떤 형상으로 묘사할 수 없다는 것, 그러나 신이 육체를 취해 인간으로 세상에 오셨기 때문에 "우상을 섬기지 말라"라는 모세의 계명에도 불구하고, 그의 형상을 그릴 수 있게 되었다는 것, 그래서 인간의 육체와 신적 아름다움이 연합한 성화상은 신성하며 그것을 통해 구원받을 수 있다는 것 등―성화상에 관한 동방정교회의 교리를 모두 함축하고 있다.

"우리는 말씀과 성화상으로 우리의 구원을 고백하고 선포합니다"라는 말이 증명하듯이, 동방정교에서 성화상은 말씀과 대등한 위치를 갖고 있다. 귀가 있어 말씀을 듣듯이 눈이 있어 성스러운 모습을 볼 수 있다는 것이다. 이것이 동방정교회 신도들이 1,500년 가까이 성화상을 숭배하고 그것을 중심으로 종교 생활을 해온 이유다.

그럼에도 만일 당신이 이 같은 동방정교 교리에 익숙하지 않다면, 한낱 이미지에 불과한 성화상이 신도들의 삶과 사회를 통합하고 변화시킨다는 말이 여전히 낯설 것이다. 그래서 14세기 러시아정교회의 수도사 안드레이 루블료프Andrei Rublyov, 1360?~1430?가 1425년경에 완성한 〈삼위일체〉 성화상을 예로 들어 설명하고자 한다.

성화상은 무슨 일을 했나

삼위일체란 신은 성부·성자·성령, 세 가지 위격으로 존재하지만, 그 본질은 하나라는 기독교 특유의 교리다. 그런데 신이 하나면 하나이고 셋이면 셋이지, 어떻게 하나이면서 동시에 셋으로 존재한다는 것일까? 그래서 이 교리는 그것을 설명하고자 하는 신학자들에게도 커다란 골칫거리였다. 한술 더 떠 화가들이 성부·성자·성령을 구분해 그리되, 그 셋이 하나라는 내용을 화폭에 형상화하는 것은 당연히 불가능한 과제였다. 그런데 루블료프가 처음으로 그 일을 훌륭히 해냈다.

안드레이 루블료프, 〈삼위일체〉, 1425년?

그림 2

〈그림 2〉를 보자. 루블료프는 먼저 성부·성자·성령을 날개가
달린 세 존재로 형상화했다. 성화상을 연구하는 도상학자들에
의하면, 식탁을 가운데 두고 왼쪽에 있는 이가 성부다. 이 그림
은 본래 채색화로 성부는 푸른색 옷에 황금색 겉옷을 걸치고 있
다. 중앙에 있는 이가 성자인데, 붉은색 옷에 푸른색 겉옷을 입
고 있으며, 그 오른쪽에 역시 푸른색 옷에 녹색 겉옷을 걸친 이
가 있으니 그가 성령이다. 그리고 성자가 식탁 위에 두 손가락
을 펼쳐 보이는 것은 자신의 신성과 인성을 나타내며, 성자 쪽을
향해 있는 성부의 손 모양은 성자를 격려하고 축복하는 것을 표
현한 것이고, 성령의 손이 식탁 하단 중앙에 그려진 조그만 사각
형 통로를 가리키는 것은 천국으로 가는 길이 좁다는 것을 의미
한다.

　여기에서 주목해야 할 것은 이 성화상에 그려진 삼위가 모두
나이가 몇인지, 또 남성인지 여성인지를 알아볼 수 없는 동일한
젊은이의 얼굴 모습을 하고 있다는 것이다. 그래서 이에 대한 도
상학적 지식 없이는 누가 성부고 성자며 성령인지 알아볼 수 없
다. 루블료프의 이러한 표현방식은 서방 가톨릭교회의 성화뿐
아니라 그리스정교회의 성화상에서 성부는 흰머리에 흰 수염을
기른 노인의 모습으로 묘사하고 성자는 짙은 갈색 머리에 갈색

수염을 기른 장년의 남성이나 경우에 따라서는 어린 소년으로 표현하며 성령은 보통 비둘기로 나타낸 것과는 전혀 다르다. 왜 그랬을까?

알고 보면 그것은 루블료프가—성부·성자·성령을 어쩔 수 없이 세 개체로 나누어 형상화할 수밖에 없는 한계를 극복하고—삼위의 동등성과 통일성을 강조하기 위해 취한 천재적 장치였다. 그뿐 아니다. 삼위가 각자 다른 색깔의 옷을 입거나 걸쳤지만, 셋 모두 신성을 뜻하는 청색 옷을 부가적으로 입거나 걸친 것, 왼손에 똑같이 '권위의 지팡이'를 하나씩 쥐고 있는 것 역시 그래서다. 성부·성자·성령은 서로 다르지만, 똑같이 신성하고 똑같은 권위를 가진다는 뜻이다.

이 같은 기발한 착상으로 루블료프는 셋이면서 하나인 신의 본성을 어김없이 표현했고, 그것을 통해 〈삼위일체〉 성화상을 보는 사람들에게, 신이 그렇듯 인간도 각자 서로 다르지만 모두 하나가 되어 사랑하며 살아야 한다는, 그리스도교의 진리를 또렷이 드러내 보인 것이다.

1551년 러시아정교회는 스토슬라브 교회회의에서 이 같은 방식을 '루블료프의 유형'이라 이름 짓고, 누구든 삼위일체를 그릴 때는 이 유형을 따르도록 규정해, 이후 수백 년 동안 러시

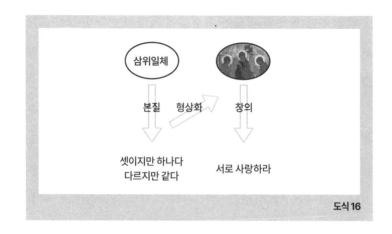

도식 16

아 성화상 화가들이 지켜야 하는 준칙으로 삼았다. 루블료프가 창안했고 러시아정교회가 인정한 은유적 사고를 도식화하면 위와 같다.

　이미지가 지닌 마법 같은 힘과 그 사회적 역할을 이야기하는 자리에서 이 이야기를 소개하는 것은 화가로서 루블료프의 천재성을 알리기 위해서가 아니다. 피비린내 진동하는 살육과 전란이 그칠 줄 모르던 당시 러시아에서 루블료프의 〈삼위일체〉 성화상이 어떤 역할을 했는가를 이야기하기 위해서다.

　루블료프는 우리도 삼위일체의 신처럼 각자 서로 다르지만 하나가 되어야 한다는 것, 그리고 그것은 이질적인 것을 동질적인 것으로 받아들이는 사랑heterologous love 안에서만,* 오직 모든 것을 용서하고 용납하는 신적인 사랑agape을 통해서만 이뤄질 수 있다는 것, 그래야만 우리도 살육과 전란을 마침내 끝내고 안식과 평안을 누릴 수 있다는 것을 성화상에 담았다. 그리고 그것이 수백 년 동안 동방정교회 신도들을 교훈해왔다는 사실을 전하고자 했다.

그러나 이것은 그야말로 빙산의 일각에 불과하다. 동방정교회 성화상은 '거룩함의 모범'으로서, '다가올 세상의 거룩함의 예시'로서 1,000년이 훌쩍 넘는 세월 동안 러시아와 동유럽 그리고 그리스와 캅카스 등 근동의 역사와 문화에서 신도들의 정신과 관습 그리고 도덕을 지배하고 사회를 통합하고 변화시키는 중요한 역할을 수행해왔다.

언젠가 하버드대학의 신학자 하비 콕스Harvey Cox가 러시아정교회 사제에게 왜 러시아정교에는 교리적 가르침이 많지 않은 것

---

* 독일의 현대 신학자 위르겐 몰트만Jürgen Moltmann은 삼위를 하나로 묶는 이 사랑은 단순히 자신과 동일한 것만 받아들이는 '동종 사랑homologous love'이 아니고, 그것을 넘어서서 이질적이고 다양한 것까지 받아들이고 포괄하는 '이종 사랑heterologous love'이라고 주장했다. 이러한 주장은 기독교에서 말하는 사랑, 곧 아우구스티누스가 말하는 '복음적 사랑caritas'이 플라톤이 규정한 에로스eros가 아니라 아가페agape라는 전통적 주장과도 궤를 같이한다.

이냐고 묻자, 사제는 "성화상이 우리가 알아야 할 모든 것을 가르쳐줍니다"라고 했다는 일화가 이러한 사실을 웅변적으로 대변해준다.[6] 우리가 아는 한, 이미지가 우리의 삶과 사회에 그토록 오랫동안 또 그토록 광범위하게 영향을 미칠 수 있다는 것을 이보다 또렷이 보여주는 사례는 없다. 이미지는 힘이 세다!

07. 이미지는 발이 빠르다

이미지는 힘이 셀 뿐 아니라 또한 빠르다. 이것은 현대 인지언어학과 뇌신경과학이 얻어낸 통찰이다. 《글자로만 생각하는 사람 이미지로 창조하는 사람》의 저자인 토머스 웨스트Thomas West 교수의 "글자는 느리고 이미지는 빠르다"라는 경구도 이미지가 우리의 뇌에 얼마나 빠르고 강하게 파고드는가를 설명하기 위해 나왔다.

1972년에 생리학 및 의학 부문 노벨상을 받은 뇌신경과학자 제럴드 모리스 에덜먼Gerald Maurice Edelman, 1929~2014의 "뇌는 언어보다 먼저 패턴인식에 의해 기능하기 때문"[7]이라는 말이 웨스트의 주장을 뒷받침한다. 《마음의 탄생》의 저자 레이 커즈와일Ray Kurzweil의 "인간은 논리를 처리하는 능력은 약한 반면, 패턴을 인식하는 능력은 놀라울 정도로 뛰어나다. 신피질은 기본적으로 거대한 패턴인식기라고 할 수 있다"**8**라는 주장도 마찬가지다.

　그런데 이게 정확히 무슨 뜻일까? 위에 나열한 세 사람의 말을 조금 자세히 설명하자면 다음과 같다. 우리의 뇌는 감각기관에 의해 지각된 정보를 먼저 패턴인식에 의해 시각적·청각적·후각적·미각적·촉각적 이미지로 만든다. 그다음 이 이미지들을 언어와 기호로 바꾸어 논리적으로 계산하여 판단하는데, 이 모든 과정을 우리가 '생각'이라 한다. 아직도 뭔가 또 어려운 이야기 같은가? 아니다, 하지만 중요한 이야기다. 그러니 예를 들어 살펴보자.

　가령 당신이 마트에 가서 망고가 매대에 놓인 것을 보았다 하자. 보통은 그것의 상태가 어떤지, 가격이 얼마인지 의식하지 않고 마치 CCTV가 그리하듯이 무심히 지나친다. 우리의 뇌가 에너지를 절약하기 위한 전략인데, 뇌신경과학자들은 이러한 현상을 뇌의 "게으른 상태default mode"라 부른다. 이 경우 시각에 의해 전달된 망고의 이미지는 우뇌가 주로 담당하는 패턴인식에 의해 망고로 인식은 되지만 언어와 기호로 바뀌지는 않는다.

　그러나 만일 과일을 사려는 마음이 있으면 당신은 망고를 자세히 살펴보며 그것의 크기와 색깔 그리고 신선도를 가늠해보고 가격을 확인해 살지 말지를 결정한다. 이때 망고의 이미지와

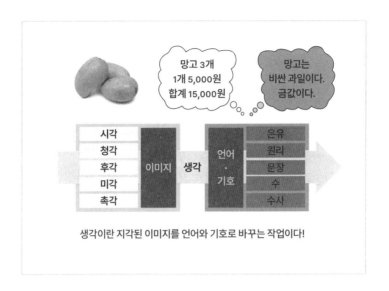

망고 3개
1개 5,000원
합계 15,000원

망고는
비싼 과일이다.
금값이다.

시각			언어	은유
청각				원리
후각	이미지	생각	·	문장
미각			기호	수
촉각				수사

생각이란 지각된 이미지를 언어와 기호로 바꾸는 작업이다!

그에 대한 새로운 정보들이 좌뇌로 전달되며 언어와 숫자로 바뀌어 계산, 판단, 추론 같은 논리적 사고가 시작되는데, 이 모든 과정이 우리가 보통 말하는 '생각'이다.

요컨대 생각이란 감각기관에 의해 지각된 시각적·청각적·후 각적·미각적·촉각적 이미지를 언어와 기호로 바꾸어 계산하거 나 판단하고 추론하는 작업이다. 그런데 우리의 뇌가 자주 '게으른 상태'에 빠지기 때문에, 다시 말해 지각된 이미지를 언어와 기호로 바꾸지 않기 때문에 시쳇말로 '생각 없이' 살게 된다.

이미지가 주인이고, 언어는 하녀다

'생각'은 이렇듯 우뇌와 좌뇌, 즉 패턴인식과 논리적 사고가 협력하여 이뤄지는 전뇌적whole-brained 작업이다.* 하지만 여기에서 우리가 주목해야 할 것은 이 작업이 감각적 이미지로부터 시작한다는 사실이다. 에덜먼은 《뇌는 하늘보다 넓다》에서 이미지에 의해 이뤄지는 패턴인식이 생각의 '여주인'이라면 언어나 기호를 사용하는 논리적 사고는 '하녀'에 불과하다는 말로 우리의 생각에 있어서 이미지의 우선됨과 강력함을 강조했다.**9** 이것이 왜 글자는 느리고 이미지는 빠른가 하는 의문에 대한 답이자 은유가 지닌 강력한 힘의 비밀이다.

그런데 당신은 혹시 눈치챘는가? 이 책에 그림, 사진, 도식 등

---

* 1981년 노벨상 수상자인 미국의 신경학자 로저 스페리Roger Sperry, 1913~1994가 우뇌와 좌뇌의 역할을 구분한 후, 우뇌는 직관적이고 예술적이며 창의적인 작업을, 좌뇌는 계산적이고 이성적이며 언어적인 작업을 주로 실행한다고 알려져왔다. 그러나 50년이 지난 오늘날 뇌신경과학에서는 이러한 구분이 틀린 것은 아니지만 지나친 단순화라고 여긴다. 왜냐하면 우리의 뇌는 매우 유연하며 매 순간 필요에 따라 각 영역이 다른 영역들과 상호작용을 하기 때문이다. 학자들은 이러한 현상을 '상대적 편재성'이라 하는데, 예컨대 언어는 대부분 좌뇌에서 처리하지만, 유머와 반어법 그리고 은유 해석하기, 유추하기, 제목 없는 이야기에서 주제 뽑기와 같은 작업은 우뇌에서 처리하며, 심지어 좌뇌가 다친 경우 언어 기능 전반을 우뇌가 담당한다. 또 시각적 정보는 우뇌가, 청각적 정보는 좌뇌가 담당하지만, 악기 연주와 시 낭송에는 좌·우뇌 신경계 대부분이 관여한다.

이미지가 유난히 많다는 것을? 특히 자주 등장하는 A형식의 은유 도식에서 보조관념을 문자가 아니라 이미지로 표기했다는 것을? 그렇다, 우리 역시 강력하고 빠르게 독자를 설득하고 싶어서 책에 이미지를 가능한 한 자주 사용했다. 게다가 이 책은 은유에 관한 것인 만큼 더욱 그렇다.

이미지가 지닌 놀라운 능력은 오늘날 우리 사회에서 정보, 데이터, 지식 등을 빠르고 강력하게 표현하기 위해 시각적 이미지를 얼마나 빈번하게 사용하는가를 보면 여실히 증명된다. 이를테면 당신이 밤낮으로 사용하는 이모티콘emoticon, 날마다 접하는 교통표지판, 지하철노선도, 일기예보도 등을 생각해보라. 어디 그뿐인가? 수학이나 자연과학 그리고 사회과학 등 제반 학문에서 사용하는 함수도표, 통계도표 같은 다이어그램이 모두 시각적 이미지가 지닌 강력하고 빠른 정보전달력을 노린 것이다.

은유는 이미지 언어다

오늘날에는 그래픽으로 제작된 문자와 이미지를 이용하여 정보를 더욱 강력하고 빠르게 전달하는 도표를 인포그래픽infographic이

라 한다. 문자적 정보를 시각적 이미지로 형상화해서 전하는 수
단이다. 그래서 '이미지 언어image language'라고도 일컫는데, 우리가
주변에서 날마다 마주하는 은유적 표현 가운데 하나이며 교통
표지판이 그 대표적 예다.

아래 이미지나 텍스트를 보라! 그리고 생각해보자. 고속도로
에서 최고속도 제한을 알리는 교통표지판에 이미지가 아닌, 예
컨대 '시속 80㎞ 이하로 주행하시오'라고 문자로 적혀 있다면 무
슨 일이 일어날지를!

어디 그뿐인가. 오른쪽의 (A)지하철노선도와 (B)일기예보도
는 둘 다 실제를 그대로 반영한 항공사진이 아니다. (A)는 서울
의 일부를 지나는 지하철노선에 관한 정보를 그래픽 이미지로
형상화한 것이고, (B)는 남한의 기상상태를 역시 이미지로 형상
화한 인포그래픽이다. 이들 또한 우리가 주변에서 날마다 마주

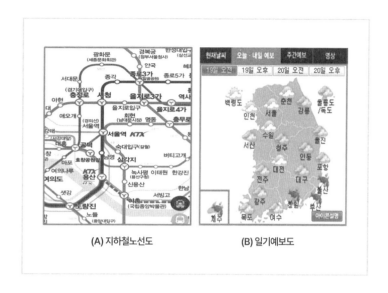

(A) 지하철노선도　　　　　**(B) 일기예보도**

하는 은유적 표현이다.

　은유 패턴에 맞춰 정리하자면, '지하철노선'이 (A)의 원관념이고, '기상상태'가 (B)의 원관념이다. (A)에서는 이미지에 담긴 지하철노선에 관한 정보들이, (B)에서는 남한의 기상상태가 도식의 제작자들이 각각 전하고자 하는 원관념의 본질이다. 그리고 그것을 각각 형상화해놓은 이미지 (A)와 (B)가 보조관념이다. 이 때문에 우리는 이미지 (A)에서 수많은 이동 가능성과 환승 가능성을 창의적으로 얻어낼 수 있다. 마찬가지로 이미지 (B)에서도 날씨에 따라 하루 일정에 관한 계획을 새롭게 세우거나 수정하는 일을 빠르고 간단히 처리할 수 있다. 도식화하면 다음과 같다.

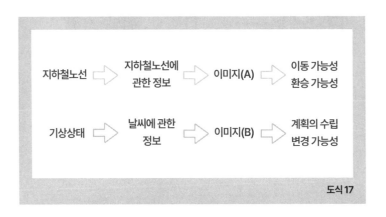

지하철노선 ⇨ 지하철노선에 관한 정보 ⇨ 이미지(A) ⇨ 이동 가능성 환승 가능성

기상상태 ⇨ 날씨에 관한 정보 ⇨ 이미지(B) ⇨ 계획의 수립 변경 가능성

도식 17

생각해보라! 만일 지하철노선도와 일기예보도를 (A)와 (B)와 같이 인포그래픽으로 표현하지 않고, 그 안의 정보와 거기서 이끌어낼 수 있는 가능성을 모두 글로 적어놓았다고 하자. 아마 그런 작업 자체가 불가능하겠지만, 설령 가능하다 해도 분량이 엄청날 것이고, 누구든 거기서 자신에게 필요한 정보를 찾아내는 데에 상당한 시간이 소요될 것이다.

정리하자. 그것이 언어적이든 비언어적이든 은유는 이미지의 강력하고 빠른 힘을 백번 이용하는 표현방식이다. 은유는 보조 관념으로 형상화된 이미지가 지닌 마법 같은 힘을 통해 우리의 이해를 돕고 공감을 불러일으키며, 상대를 설득하여 사회규범을 정하고 구성원들을 통합하는 일을 할 뿐 아니라, 새로운 생각을 이끌어내 모든 창의적인 정신 활동이 가능하게 한다. 그럼으로써 우리의 삶을 확장하고 바꾸며 또한 풍요롭게 만든다. 은유는 이미지 언어다.

이와 연관해 당신에게 들려주고 싶은 아름다운 이야기가 하나 있다.《네루다의 우편배달부》라는 소설인데, 이 이야기가 '은유가 우리의 삶과 사회에 어떤 영향을 어떻게 미치는지', 다시 말해 어떻게 우리의 삶과 사회를 바꾸고 확장하고 풍요롭게 만드는지를 매우 흥미롭게 보여주기 때문이다. 이 점에 있어서는 현대 인지언어학자들이 은유에 관해 쓴 그 어떤 이론서보다 탁월하다. 잠시 살펴보자.

08. 네루다의 우편배달부

칠레 출신 작가 안토니오 스카르메타Antonio Skrmeta가 쓴 《네루다의 우편배달부》는 우리에게 영화 〈일 포스티노Il Postino〉로 더 잘 알려져 있다.[10] 거기에는 영국 옥스퍼드대학에서 철학을 전공한 마이클 래드퍼드Michael Radford 감독의 공이 크다. 감독은 자신의 영화 안에 온갖 아름다운 것을 모아놓아 관객을 설레게 했다.

　그는 우선, 은가루를 풀어놓은 듯 반짝이는 쪽빛 바다, 뱃사람들을 홀리는 사이렌의 노래 같은 바닷바람 소리, 첫눈같이 새하얀 모래밭, 이빨을 드러내고 달려드는 파도, 바닷물에 살이 터진 검은 바위들, 밤바다로 쏟아져 내리는 별똥별들, 고기잡이배가 들어온 어촌의 활기, 정오의 태양처럼 싱싱한 여배우…… 이 아름다운 모든 것을 화면에 담았다.

　거기에다 제68회 아카데미 영화제 시상식에서 음악상을 받은 루이스 엔리크 바칼로브의 감미로운 음악을 깔았다. 그리고 원작을 살짝 각색하여 이야기도 더 맛깔나게 만들었다. 이것이 영화가 대중적 인기를 얻은 비결이지만, 전하고자 하는 메시지에서는 소설과 차이가 없다. 그것은 '은유가 우리의 삶과 세상을 어떻게 변화시키는가' 하는 것이다.

이야기는 1969년 여름, 칠레의 어촌 이슬라 네그라Isla Negra에서 시작한다. 수도 산티아고에서 남으로 120㎞ 정도 떨어진 작고 한적한 마을이다. 그곳에서 날마다 할 일 없이 빈둥대던 청년 마리오 히메네스는 어느 날 깜짝 놀랄 만한 행운을 붙잡는다. 영화에서는 스물일곱 살도 넘어 보이는 배우가 역을 맡았지만, 소설에서는 열일곱 살로 나오는 이 청년이 마을 우체부로 취직하게 된 것이다. 그것도 해마다 노벨상 물망에 오르내리는 저명한 민중시인 파블로 네루다를 위한 전용 우체부다. 세계 각지로부터 네루다에게 날아오는 우편물이 날마다 폭주하는 덕분이다.

마을 인근 별장에서 잠시 휴양 중인 네루다가 떠나면 없어질 임시직이지만, 마리오는 맡은 일을 대단히 영광스럽게 생각한다. 매일 아침 저명한 시인을 만나는 것부터 흥미롭지만, 그와 잠시 나누는 이야기가 그를 설레게 하기 때문이다. 마리오는 노시인과의 대화를 통해 은유가 무엇인지, 운율이 무엇인지, 또 시가 무엇인지를 점차 깨우친다. 그뿐 아니라 세계가 무엇이며, 또 그 안에서 삶이 어떠해야 하는지도 차츰 알아간다. 두 사람의 대화를 살짝 엿들어 보자.

"뭐라고요?"

"메타포라고!"

"그게 뭐죠?"

"대충 설명하자면 한 사물을 다른 사물과 비교하면서 말하는 방법이지."

"예를 하나만 들어주세요."

네루다는 시계를 바라보며 한숨을 지었다.

"좋아, 하늘이 울고 있다고 말하면 무슨 뜻일까?"

"참 쉽군요. 비가 온다는 거잖아요."

"옳거니, 그게 메타포야"

(……)

"아닙니다. 시가 이상하다는 것이 아니에요. 시를 낭송하시는 동안 제가 이상해졌다는 거예요."

"친애하는 마리오, 좀 더 명확히 말할 수 없나. 자네의 이야기를 들으면서 아침나절을 다 보낼 수는 없으니까."

"어떻게 설명해야 할지요. 시를 낭송하셨을 때 단어들이 이리저리 움직였어요."

"바다처럼 말이지!"

"네, 그래요. 바다처럼 움직였어요."

"그게 운율이라는 걸세."

"그리고 이상한 기분을 느꼈어요. 왜냐하면 너무 많이 움직여서 멀미가 났거든요."

"멀미가 났다고?"

"그럼요! 제가 마치 선생님 말들 사이로 넘실거리는 배 같았어요."

시인의 눈꺼풀이 천천히 올라갔다.

"'내 말들 사이로 넘실거리는 배'."

"바로 그래요."

"자네가 뭘 만들었는지 아나, 마리오?"

"뭘 만들었죠?"

"메타포."

"하지만 소용없어요. 순전히 우연히 튀어나왔을 뿐인걸요."

"우연이 아닌 이미지는 없어."

(……)

"선생님은 온 세상이, 즉 바람, 바다, 나무, 산, 불, 동물, 집, 사막,

비……."

"……이제 그만 '기타 등등'이라고 해도 되네."

"……기타 등등! 선생님은 온 세상이 다 무엇인가의 메타포라고 생각하시는 건가요?"

당신은 이 대화에서 오가는 말들이 전혀 낯설지 않을 것이다. 왜냐하면 우리가 이미 은유가 무엇인지, 그것의 비밀스러운 힘이 어디서 나오는지에 대해 자세히 살펴보았기 때문이다. 그렇지 않은가? 이런 식으로 네루다에게서 은유와 운율 그리고 시를 배워가며 마리오에게는 커다란 변화가 일어난다.

은유는 맨 먼저 마리오가 "산들바람에 흩어진 밤색 곱슬머리, 슬픔을 머금은 듯하면서도 꿋꿋한 둥그런 갈색 눈, 두 치수는 작음 직한 새하얀 블라우스에 앙증맞게 짓눌려 있는 젖가슴으로 미끄러져 내리는 목, 눌려 있으면서도 도발적인 젖꼭지, 새벽이 다하고 포도주가 바닥날 때까지 휘어 감고 탱고를 추고픈 허리", 그리고 무엇보다도 "눈길을 확 끄는 미니스커트가 아찔한 엉덩이"를 가진 베아트리스라는 아가씨의 환심을 사게끔 돕는다.

그렇다고 해서 베아트리스를 유혹하는 데 마리오가 사용한 은유가 그리 대단한 것은 아니다. 베아트리스와 그녀의 어머니가 나눈 대화를 들어보면 알 수 있다.

> "그가 말하길 내 얼굴에 번지는 미소가 날아다니는 나비래요."
>
> "그러고는?"
>
> "그 말을 듣고 웃음이 났어요."
>
> "그랬더니?"
>
> "그랬더니 이번엔 내 웃음에 대해 말했어요. 내 웃음이 한 떨기 장미이고 영글어 터진 창이고 부서지는 물이래요. 홀연히 일어나는 은빛 파도라고도 했어요."

은유가 마리오에게 한 일

어떤가? 은유이긴 하지만 그리 탁월한 것 같지는 않다. 사랑스러운 연인 앞이라면 누구나 이 정도 은유는 얼마든지 구사할 수 있을 것 같지 않은가? 그럼에도 마리오의 은유는 아름다운 베아트리스가 잠을 못 이루고, 가을바람이 스며드는 침대 위에 비스듬히 엎드려 은은한 보름달 빛을 받으면서 "심상치 않은 숨을 몰아쉬게" 하는 데에는 조금도 부족함이 없었다.

베아트리스의 어머니가 재빨리 딸의 마음을 눈치챘다. 마리오에게 온통 넋이 나가 밤마다 뜨거운 숨을 몰아쉬고 있는 딸의 모습을 보고 그녀는 "강물은 자갈을 휩쓸어 오지만 말言語은 임신을 몰고 오는 법이야. 어서 가방을 싸!"라며 베아트리스를 마리오에게서 떼어내 산티아고에 사는 숙모 집으로 보내려 한다. 부둣가에서 식당을 꾸려가며 산전수전 다 겪은 이 과부는 연인을 유혹하는 남자들의 말 속에 숨은 은유가—비록 그것이 그리 대단치 않다고 해도—여인들의 마음을 얼마나 쉽게 그리고 강하게 사로잡는지를 누구보다 잘 알고 있기 때문이다.

그러나 그녀의 어머니는 이번에도 또 은유에 지고 만다. "겨우 은유 두어 개"에 마음을 빼앗긴 베아트리스를 털끝만큼도 움직이지 못하고, 결국 "가진 것이라고는 알량한 무좀균뿐인" 마리오에게 딸을 내어줄 수밖에 없게 된다. 은유는 정말 힘이 세다! 우체국장 코스메의 증언에 의하면, 마리오라는 놈팡이가 은유 몇 마디로 베아트리스와 결혼에 골인하기까지는 겨우 두 달밖에 걸리지 않았다. 바로 이것이 은유가 마리오에게, 그리고 베아트리스에게 한 첫 번째 일이다.

그런데 그게 전부가 아니다. 결혼 후 마리오는 장모가 운영하는 식당 주방에서 일하게 된다. 네루다가 다른 나라로 떠나는 바람에 우체부 일을 그만두어야 했기 때문이다. 그래도 그는 네루다의 시들을 읽으며 은유를 부단히 익히고, 그런 가운데 자신도 서서히 시인이 되어간다. 이것이 은유가 마리오에게 한 두 번째 일이다.

마리오가 주방에서 일하며 익힌 은유들은 대부분 식자재에 관한 것이었다. 그것은 네루다가 《기본적인 것들에 바치는 송가》라는 자기 시집에 〈토마토에 바치는 송가〉, 〈양파에 바치는 송가〉, 〈옷에 바치는 송가〉처럼 우리가 일상생활에서 가까이 접하는 사소한 것들을 찬양하는 시를 여러 편 담아놓았기에 가능했다.

예를 들어, 〈양파에 바치는 송가〉에서 네루다는 양파에게 "동그란 물의 장미"라는 은유적 표현을 사용했다. 이 밖에도 조금 과장한다면 셰익스피어의 작품들에서나 나올 법한 멋진 은유들을 숱하게 구사해놓았는데, 마늘은 "아름다운 상아", 토마토는 "상쾌한 태양", 감자는 "한밤의 밀가루", 참치는 "깊은 바닷속의 탄알" 또는 "상복을 입은 화살", 사과는 "오로라에 물들어 활짝 피어오른 순수한 뺨", 소금은 "바다의 수정" 또는 "파도의 망각"이란 은유적 표현으로 찬양했다. 심지어 〈엉겅퀴에 바치는 송가〉라는 시도 있는데, 여기에는 다음과 같이 흥미로운 은유적 표현들이 들어 있다.

밑바닥 흙에서는

붉은 콧수염의

당근이 잠을 잤고,

포도밭은

포도주가 타고 올라오는

덩굴들을 말라비틀어지게 했다.

양배추는

오로지 스커트를 입어보는 일에만

마음을 썼고,

박하는 세상에 향기를 뿌리는 일에 열중했다.

— 네루다, 〈엉겅퀴에 바치는 송가〉 부분

어떤가? 대단하지 않은가? 이처럼 따분한 일상과 사소한 식자재마저 새롭고 아름다운 어떤 것으로 바꿔놓는 네루다의 기막힌 은유들이 마리오에게는 마술 같았다. 그리고 시란 마치 흑백영화를 총천연색영화로 바꾸어놓듯이, 진부한 일상과 낯익은 세계에 새로운 색깔을 덧입히는 일이라는 사실을 깨닫게 했다. 그것이 단순하고 무식했던 청년 마리오를 점차 시의 세계로 이끌고 가, 그가 네루다를 처음 만났을 때 멋모르고 던졌던 말대로

"온 세상이 다 무엇인가의 메타포"라는 사실을 스스로 확인하게 만들었다. 그리고 마침내는 세상을 보는 마리오의 눈을 송두리째 바꿔놓았다.

이후 마리오는 자주 홀로 해변을 걷고 생각에도 잠긴다. 또 밀물과 썰물이 내는 소리, 바람에 자지러지는 파도 소리, 갈매기가 수직으로 하강하여 정어리를 쪼는 소리, 펠리컨 몇 마리가 날개를 펄럭이는 소리, 별을 스치는 바람 소리, 태양의 오르가슴을 만끽하는 벌떼 소리, 쏟아지는 별똥별을 보고 개들이 하릴없이 짖는 소리, 바닷바람이 자아내는 종루의 종소리, 등대의 사이렌 소리, 그리고 베아트리스의 배 속에서 나는 태아의 심장 박동 소리, 갓 태어난 아이의 울음소리 등을 일일이 녹음하여 유럽에 머물고 있는 네루다에게 보내기도 한다.

그러면서 온갖 은유가 마리오의 머릿속을 차츰 메우고 목구멍에 서서히 차올라 꿈틀대기 시작해, 마침내 그것들을 토해내 시를 쓰게 만든다. 제목은 〈파리의 네루다를 뒤덮는 백설 송가 白雪 頌歌〉인데, 처녀작인 이 시에서 마리오는 하늘에서 내려오는 '눈雪'을 "하늘거리는 귀공녀들", "수천 마리 비둘기 날개", "미지의 이별을 머금은 손수건", "나의 창백한 미인"이라고 표현한다. 또 '하얗게 쌓인 눈'을 표현하기 위해서는 다음과 같은 은유적 표현들도 동원한다. "은은하게 걷는 부드러운 동반자", "하늘의 풍요로운 우유", "티 하나 없는 우리 학교 앞치마", "이 여관 저 여관을 헤매는 말 없는 여행자의 침대 시트". 어떤가? 더 이상 그리 대수롭지 않은 은유가 아니다!

그 이유를 말해주지

마리오의 삶을 이렇듯 모조리 바꿔놓은 네루다는 단순한 서정시인이 아니라 민중시인이기도 했다. 즉, 은유에 뛰어났을 뿐 아니라 사회의식도 강했다. 그는 잉크뿐 아니라 피로 쓰는 시인이었다. 1971년 노벨 문학상 수상 연설에서도 "여명이 밝아올 때 불타는 인내로 무장하고 찬란한 도시로 입성하리라"는 랭보Jean Nicolas Arthur Rimbaud, 1854~1891의 예언적 경구를 인용할 만큼, 그는 개혁과 혁명의 승리를 바라고 또 믿었다. 그의 시 〈그 이유를 말해주지〉에 나오는 다음 시구들만 보아도, 그가 은유를 통해 어떤 새로운 현실의 장을 드러내 보여주고 싶었는지를 한눈에 알아챌 수 있다.

그래도 당신들은 물을 것인가 – 왜 나의 시는

꿈에 관해서 나뭇잎에 관해서 노래하지 않느냐고

내 조국의 위대한 화산에 관해서 노래하지 않느냐고

와서 보라 거리의 피를

와서 보라

거리에 흐르는 피를

와서 보라 피를

거리에 흐르는!

― 네루다, 〈그 이유를 말해주지〉 부분

　민중시는 통상 세상에 은폐된 부정, 부패, 폭력, 착취, 탄압과 같은 어둠을 밝히는 횃불이다. 또한 다가올 참세상을 여는 새벽닭의 울음소리다. 밤새워 뒤척이며 잠 못 이루게 하는 사유일 뿐 아니라 대문을 박차고 거리로 뛰어나가도록 부추기는 노래다. 그렇게 시는 혁명의 불씨가 된다.

　《네루다의 우편배달부》에서는 네루다가 쓴 민중시가 마리오의 컴컴한 의식에 환한 횃불 하나를 밝혔다. 시간이 날 때마다 기껏해야 자전거를 몰아 시내로 나가 버트 랭커스터와 도리스 데이가 나오는 영화를 보는 것이 유일한 낙이었던 그를 깡그리

바꿔놓는다. 그 덕에 예전에는 꿔다놓은 촌닭같이 남 앞에서 아무 말도 못하던 그가 부정한 상원의원에게 대들어 자기 소신을 떳떳이 밝히기도 하고, 농민과 노동자의 집회에 기꺼이 나가 시를 낭송하면서 그들에게 희망을 불어넣는 역할을 떠맡기도 한다. 이것이 은유가 마리오에게 한 세 번째 일이다.

자, 이제 돌이켜보자, 은유가 마리오에게 무슨 짓을 했는가를! 첫째, 마리오는 은유를 통해 아름다운 여인을 얻었고, 둘째, 삶과 자연의 아름다움을 깨달아 시인이 되었으며, 셋째, 세상을 보는 눈을 갖게 되어 참세상을 만들어가려는 꿈을 갖게 되었다. 한마디로 그는 삶에서 소중한 것들을 모두 은유를 통해 얻었고 전혀 새로운 사람으로 다시 태어났다. 《네루다의 우편배달부》는 한마디로 은유가 지닌 마술과 같은 기능과 놀라운 힘에 관한 이야기다.

그런데 우리는 은유를 학습하고 훈련하면서 당신의 삶에도 마리오에게 일어난 일들이 일어날 수 있다고 믿는다. 또한 참세상을 꿈꾸는 사람들이 만드는 변화가 우리가 사는 세상에서도 이뤄지길 바란다.

IV

은유는
어떻게
학습하나

'학습이란 무엇인가?', '어떤 학습 방법이 좋은가?' 하는 물음은 더 이상 교육학이나 심리학에서만 다루는 것이 아니다. 21세기 들어 눈부신 발전을 보이고 있는 뇌신경과학이 이 문제에 적극 개입하기 시작했다. 따라서 적어도 수백 년은 족히 이어 내려온 이 두 고전적인 물음은 이제 '학습을 하면 우리의 뇌에서는 어떤 일이 일어나는가?', '뇌신경과학적으로 어떤 학습 방법이 좋은가?'로 바뀌었다.

근래에는 교육 현장에서도 '뇌기반 교육', '뇌맞춤 교육', '뇌친화적 교육'이라는 말을 흔히 들을 수 있다. 그러니 '은유 학습이란 무엇인가?', '어떤 은유 학습 방법이 좋은가?' 하는 우리의 이야기도 이에 맞춰 '은유 학습을 하면 우리의 뇌에서는 어떤 일이 일어나는가?', '뇌신경과학적으로 어떤 은유 학습 방법이 좋은가?' 하는 물음에서 시작하기로 하자.

교육과 학습에 뇌과학 연구 결과를 이용하게 된 것은 비교적 근래의 일이다. 1990년대까지만 해도 뇌과학은 교육학과는 별로 상관이 없었다. 의술이 발달하지 않았던 때에는 의사들이 자신의 경험과 추측에만 의존하여 환자들을 치료했던 것처럼, 학습에 대한 뇌과학 연구가 실행되지 않았던 과거에는 교육자들이 자신의 경험과 추측으로 이론을 만들고 그에 따라 학생들을 가르쳤다. 따라서 당시까지 알려진 주요 정보는 '운동이 학습과 기억력을 향상시킨다'라든지, '감정도 학습에 영향을 끼친다'라는 정도였다.

그러다 20세기 말 뇌영상 촬영기술이 발달하면서 살아 있는 사람의 뇌가 어떻게 작동하는지를 관찰할 수 있게 되자, 교육에 참고 내지 도움이 될 만한 연구 결과들이 쏟아지기 시작했다. 예컨대 장기기억을 담당하는 뇌 부위인 해마에서 새로운 뇌신경세포neuron가 만들어진다는 사실이 밝혀졌다. 그리고 감정이 뇌신경세포 생성, 기억, 학습과 밀접한 관계가 있다는 것과 충분한 영양 섭취, 규칙적인 운동, 스트레스 조절이 뇌신경세포 성장을 돕는다는 것도 경험이 아니라 실험으로 증명되었다.[1]

하버드대학 심리학 교수 하워드 가드너Howard Gardner와 같은 교육학자들은 이 새로운 뇌신경과학의 연구 결과를 교육 현장에 끌어들여 즐거운 학습을 위한 수업 방식과 환경을 개선하는 방법들을 개발해냈다. 또한 학생들이 누구나 공통된 하나의 지능만 지닌 것이 아니라 각자가 다양한 지능을 가졌음을 알아냈다. 가드너는 이것에 다중지능multiple intelligent이라는 이름을 붙여 세상에 알렸다.* 이러한 연구 결과는 설사 지능지수IQ 검사에서 낮은 점수를 받은 아동이라도 포기하거나 좌절하지 않고, 자신의 두뇌계발에 스스로 참여하게 하는 효과를 불러왔다.

그동안 뇌신경과학자들 사이에서는 '학습이 새로운 뇌신경망을 형성하게 하여 뇌를 바꿀 수 있다'라는 이른바 뇌신경 가소성neuro plasiticity이 알려지고 널리 인정되었다. 그러자 교육학자들이 이 새로운 이론을 교육에 적극 활용하기 시작했다. 일군의 학자들은 읽기-장애 진단을 받은 아동들의 뇌신경망을 기능성 자기공명영상촬영fMRI이나 양전자방출단층촬영PET 장치 같은 영상기기로 관찰해가며 그들의 뇌신경망을 적절히 훈련함으로써 장애가

---

* 하워드 가드너의 다중지능이론에 의하면, 인간의 지능은 언어지능, 논리-수학지능, 시각-공간지능, 음악지능, 신체운동지능, 대인관계지능, 자기성찰지능 및 자연탐구지능 이렇게 모두 여덟 가지로 측정할 수 있다. 그리고 이 지능들은 환경의 영향을 받으며, 각각 개별적으로 작동하지만, 필요에 따라 상호협동적으로 작동한다. 예를 들면 문장으로 구성된 수학 응용문제를 풀 때는 언어지능과 논리-수학지능이 함께 작동한다.

없는 아동의 뇌신경망과 비슷하게 재구성하는 컴퓨터 프로그램과 규약을 만들었다.[2]

이후 세계 유명 대학들이 뇌신경과학을 교육학에 접목한 교육 프로그램을 도입하고 연구소를 세우면서, 교육신경과학educational neuroscience이라는 새로운 학문이 생겨났다. 우리는 이 새로운 학문의 연구 결과에 맞춰 은유적 사고를 익히고 훈련하고자 한다.

학습에도 왕도가 있다

교육신경과학은 뇌신경과학, 심리학, 교육학을 결합해 만든 학문이다. 더 정확히는 뇌신경과학과 인지심리학 연구 결과를 교육학이 도입함으로써 만들어진 학문이다. 지금까지 알려진 다양한 연구 결과 가운데 우리가 주목하고자 하는 것은 〈도식 18〉의 화살표가 지시하듯이 학습이 '반복'으로부터 시작해 '이해'를 거쳐 '실용'으로 완성된다는 사실이다. 그래서 이 화살표를 '학습의 왕도' 또는 '배움의 지름길'이라 부르고자 하는데, 내용을 조금 더 자세히 설명하자면 다음 세 가지로 정리해볼 수 있다.

1) 먼저 반복이다. 학습이 일어나려면 우리의 뇌에서 새로운 뇌

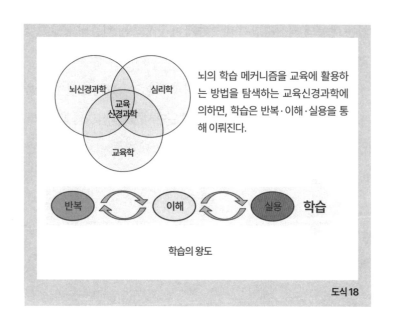

뇌의 학습 메커니즘을 교육에 활용하는 방법을 탐색하는 교육신경과학에 의하면, 학습은 반복·이해·실용을 통해 이뤄진다.

학습의 왕도

도식 18

신경망이 만들어져 강화되어야 하는데, 그것은 오직 반복을 통해 이뤄진다. 당신은 피아니스트나 바이올리니스트와 같이 독주 악기를 다루는 음악인이나 피겨스케이팅 선수나 기계체조 선수처럼 기능을 연기하는 체육인들이 연습 시간 대부분을 모범적인 기본 동작과 테크닉을 부분별로 나누어 무수히 반복하는 데에 할애한다는 사실을 알고 있을 것이다. 오케스트라 단원이나 축구선수와 야구선수와 같이 단체로 훈련하는 경우라 해도 기본 동작과 테크닉을 반복하는 개인 훈련을 중요시한다는 점에서는 마찬가지다. 그들이 그런 방식으로 훈련을 하는 것은 오랜 세월 동안 대를 이어 행해진 교육과 학습을 통해 반복이 학습의 왕도라는 사실을 경험적으로 깨우쳤기 때문이다.

스탠퍼드대학 H-STAR연구소 소장이자 《마음·뇌·교육》의 편저자 키스 데블린Keith Devlin 교수가 "우리가 아는 한 반복만이 뇌가 학습할 수 있는 유일한 방법"[3]이라고 잘라 말한 것도 그래서다. 요컨대 교육에 외우기와 같은 기계적 반복 학습을 포함시켜야 한다는 것이다. 이 말은 은유적 사고를 훈련하려는 이 책에서도 매우 중요하다. 왜냐하면 오늘날 교육은 개념 이해를 중점에 두고 있어, 외우기와 같은 기계적 학습은 불필요하다는 주장이 널리 퍼져 있기 때문이다. 데블린은 "기계적 학습이 없다면 아무도 구구단을 배울 수 없을 것"이라며 외우기의 중요성을 강조했다.[4]

뇌신경과학자들은 또 단기간 집중적으로 학습하는 것보다 적당한 간격으로 반복 학습하는 것이 장기기억에 도움이 된다는 사실도 알아냈다. 연구에 따르면, 여기서 말하는 적당한 간격은 최초 학습 시기와 그것을 테스트하는 시기 사이의 10~20퍼센트라고 한다. 가령 시험이 4주 정도 남았다면 3~4일 간격으로 반복 학습하는 것이 최상이다.[5] 이 말은 학습이 반복적으로 그리고 꾸준히 실행되어야 한다는 의미다. 그렇다면 이것이 끝인가? 아니다! 〈도식 18〉의 '학습의 왕도' 화살표에서 보듯이 이것이 시작이다.

2) **다음은 이해다.** 학습은 반복이 이해를 수반해야 가능하다. 이해란 무엇인가? 뇌신경과학에서 말하는 이해란 분석을 통해 얻는 합리적 내지 이론적 자각을 가리킨다. 앞에서 예로 든 연주가들이 자신 또는 다른 연주가의 연주를 들으며 또는 운동선수들이 코치들과 함께 경기 영상을 보며 분석하는 훈련을 하는 것이 바로 그런 자각을 얻기 위해서다. 학습에서 반복의 중요성을 강조했던 데블린 교수도 "학습한 것을 적용 가능한 지식과 유용한 기술로 만들려면 반복적 학습은 이해를 수반해야 한다"라며 "이해와 암기 중 하나라도 빠지면 학습은 성공하지 못한다"라고 이해의 중요성에 대해서도 역설했다.

하워드 가드너도 《인간은 어떻게 배우는가》에서 MIT나 존스 홉킨스 같은 명문대 물리학과의 우수한 학생들이 강의실 밖에서는 아주 간단하고 쉬운 자연현상마저 설명하지 못하는 사례들을 나열하며, 이해의 중요성을 강조한다. 이 학생들은 연습문제를 풀 때나 기말시험에서는 확실한 성과를 나타낸다. 하지만 강의실 밖에서는 비교적 쉬운 현상, 즉 공중에 던진 동전에 미치는 힘이나 굽은 튜브를 통과한 탁구공의 동선과 같은 것들을 설명해달라고 할 때는 상당수 학생이 적절하게 대답하지 못한다는 것이 그가 발견한 문제점이다.[6]

이 밖에도 다양한 사례들을 들며 가드너는 "내가 대안으로 제시하는 교육의 비전은 확고하게 이해에 중점을 두는 교육이다. 개인은 개념, 기술, 이론 또는 지식의 영역을 낯선 상황에서도 충분히 적용할 수 있는 정도로 이해해야 한다"[7]라고 주장한다. 그렇다고 해서 가드너의 말을 암기와 같은 반복 학습이 필요하지 않다는 것으로 오해해서는 안 된다. 가드너의 주장은 앞에서 키스 데블린이 이미 밝혔듯이 학습이 이해로 '대체되어야 한다'는 것이 아니라 이해를 '수반해야 한다'라는 것이다. 한마디로 반복에 의한 암기와 분석에 의한 이해가 〈도식 18〉의 화살표에서 보듯이 서로 순환해야만, 학습이 한 걸음씩 앞으로 나아간다는 것이다.

　3) **마지막은 실용이다.** 데블린과 가드너의 말 중에서 우리가 놓치지 말아야 할 부분이 있다. 두 사람이 각각 "적용 가능한 지식과 유용한 기술로 만들려면"이나 "충분히 적용할 수 있는 정도로"라는 말로 학습에서 실용의 중요성을 강조하고 있다는 점이다. 이것은 실용적이지 못한 교육은 "교육으로서의 어떤 문제

점이 있음을 뜻한다"라는 19세기 실용주의 철학자 존 듀이John Dewey, 1885~1952의 교육철학에서 이끌어낸 원칙이다. 듀이는 학습에서 실용의 중요성을 강조하며 다음과 같이 주장했다.

실제 행동의 능률을 향상시켜주지 못하고, 우리 자신이나 우리가 살고 있는 세계에 대해서 더 많이 배울 수 있도록 해주지 못하는 사고는 정작 사고로서의 어떤 문제점이 있음을 뜻한다. (······) 교수 방법이나 학습 방법을 지속적으로 개선하는 왕도는 사고를 요구하고, 증진하고, 시험하는 여건을 마련하는 데 주력하는 일이다.[8]

이런 관점에서 보면 '학습의 왕도'를 보여주는 〈도식 18〉의 화살표는, 반복에서 이해를 거쳐 실용으로 나아가는 학습 방향을 가리킬 뿐 아니라, '반복은 이해를 수반해야 하며, 이해는 실용을 전제해야 한다'는 학습의 목적을 나타낸다고도 해석할 수 있다.

반복과 이해 그리고 실용이 서로 순환하면서 되풀이될 때 마침내 가장 뛰어난 학습 효과를 기대할 수 있다는 것이다. 이 같은 사실은 뇌신경과학에서도 다양한 실험으로 밝혀졌다. 그 가운데 미국 세인트루이스 워싱턴대학 헨리 뢰디거Henry Roediger 교수가 2006년에 한 실험이 인상적이다. 그는 실험으로 학생들을 두 그룹으로 나누어 과학 교재를 제공하고, A그룹 학생들은 자료를 두 번 반복해서 공부하게 하고, B그룹 학생들은 한 번 공부하고 시험을 한 번 치렀다. 5분 뒤 교재 내용을 얼마나 잘 기억하는지 검사해보니, 두 번 반복 학습한 학생들이 더 높은 점수를 받았다. 그러나 일주일 뒤 다시 시행한 검사에서는 결과가 뒤집혔다. 한 번 공부하고 시험을 봤던 학생들이 시험 없이 반복 학습만 했던 학생들보다 더 좋은 점수를 받았다.

그 밖의 실험에서도 반복 또는 이해에만 매진하는 학습자 그룹보다 자신이 학습한 것을 테스트받거나, 동료나 다른 사람에게 가르쳐주는 학습자 그룹이 대부분의 경우 더 나은 학습 효과를 보였다. 왜 그럴까? 이에 대한 교육신경과학적 설명은 이렇다. 공부한 내용을 반복해서 다시 읽으면 우리의 뇌는 이전에 저장된 정보만을 다시 활성화한다. 하지만 시험을 보거나 다른 사람에게 가르쳐줄 때는 저장했던 정보와 함께 관련된 다른 정보도 함께 활성화한다. 이 과정에서 뇌는 기존 지식과 다른 정보를 통합하기도 하고, 관련이 없어 방해되는 정보를 억제하기도 한다. 그래서 지식을 더 정교화하고 잘 기억되게 한다.

연주가들이 콘서트를 통해, 또 운동선수들이 경기를 통해 더 큰 발전을 보이는 것도 그래서다. 그들은 이 같은 실습을 통해 새로운 곡을 찾아 연주하거나 새로운 기술을 개발하고, 또 자기보다 우수한 상대와 경쟁하면서 자신이 익힌 새로운 기술과 동작을 시도해보고, 개선되어야 할 점을 검토하고, 또 동료들과 비교해보는 데 더욱 열중하기 때문이다.[9]

우리는 이 같은 실습 작업을 시리즈 2권과 3권에서 각 부마다 분석-하기와 함께 묶어 다루려고 한다. 2권 각 부의 제목에 '시와 은유—은유로 시 짓기'(1부), 동시·동요와 은유—은유로 동시·동요 짓기'(2부), '노랫말과 은유—은유로 노랫말 짓기'(3부), '광고와 은유—은유로 광고하기'(4부), '예술과 은유—은유로 예술하기'(5부)와 같이 매번 이해를 중심으로 하는 분석-하기와 실용을 핵심으로 삼는 실습-하기가 함께 진행된다는 것을 예시해놓은 것이 그래서다. 물론 3권도 마찬가지다.

"학습에는 왕도가 없다"라는 말은 기하학의 아버지 유클리드 Euclid, 기원전 3세기경가 자신이 가르치던 황제에게 한 충언이다. 그러나 그것 역시 2,300년이나 묵은 옛이야기다. 우리는 은유적 사고를 학습하는 데에 교육신경과학이 찾아낸 '학습의 왕도'를 따르고자 한다. 이 책은 반복을 수반하는 학습으로는 '따라-하기'라는 방법을, 이해를 수반하는 학습으로는 '분석-하기'라는 방

IV.

법을, 실용을 수반하는 학습으로는 '실습-하기'라는 방법을 당신에게 소개하고 또 권할 것이다. 그렇다면 우리는 〈도식 18〉에서 제시한 '학습의 왕도 화살표'를 다음과 같이 새로운 버전으로 바꿔 그릴 수 있다.

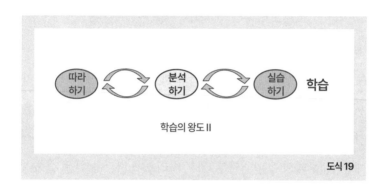

학습의 왕도 II

도식 19

〈도식 19〉에 제시한 '학습의 왕도 II' 화살표는 따라-하기, 분석-하기, 실습-하기가 순차적으로 수행될 때 가장 효율적인 학습 효과를 기대할 수 있다는 것을 나타낸다. 또한 그것은 이 세 가지 학습이 서로 순환적으로 되풀이될 때 가장 뛰어난 학습 효과를 기대할 수 있다는 것도 의미한다. 과연 그런지, 또 왜 그런지 이제부터 차례로 살펴보자.

09. 따라-하기 ─ 반복

누구나 알고 있듯이 학습은 경험과 사고를 통해 이뤄진다. 따라서 모든 학습에는 당연히 다양한 경험이 필요하고, 반드시 깊은 사고가 요구된다. 은유 학습 역시 예외가 아니다. 앞 장에서 소개한 《네루다의 우편배달부》에서 마리오가 자주 해변을 걸으며 파도 소리뿐 아니라 온갖 소리를 녹음해 반복해 듣고, 또 시간이 날 때마다 생각에 잠기는 것이 그래서다. 우리도 마리오처럼 하자! 다양한 은유 경험과 깊은 은유적 사고를 반복해서 훈련하자는 것이다.

우리는 이제부터 경험에 의한 은유 학습에 대해 살펴보려 한다. 그러나 이 책에서 말하는 은유 경험은 마리오와 같이 해변을 거닐며 지각적 경험을 하는 것이 아니다. 그것은 시인이 해야 하는 훈련이다. 은유적 사고를 기르려는 우리가 해야 할 경험은 다양한 은유적 표현을 접하는 것이다. 예컨대 시나 노랫말은 언어를 통해 은유적 사고와 표현을 접할 수 있는 대표적 영역이다. 미술은 선, 색, 형태, 질감을 통해, 음악은 리듬, 멜로디, 하모니를 통해, 무용은 몸짓과 동작을 통해 은유적 사고와 표현을 접할 수 있는 영역이다. 그렇다면 우리가 다양하고 풍성한 은유 경험을 갖기 위해서는 당연히 시와 노랫말, 회화와 조각 같은 미술작품, 음악, 무용과 같은 공연을 되도록 자주 반복해서 접해야 한다.

그러나 단순히 그것들을 접하기만 하는 소극적이고 수동적인 방법으로는 은유적 사고를 기르는 데에 충분하지 않다. 가끔 시를 읽거나, 전람회에 가고, 공연장에 얼굴을 내미는 것만으로는 부족하다는 뜻이다. 그래서 이 책이 권하는 방법은 우리가 '따라-하기'라고 부르고자 하는 적극적이고 능동적인 방법이다. 예를 들자면, 탁월하고 모범적인 은유적 표현이 들어 있는 시와 노랫말 또는 산문을 반복해서 낭송하거나 암송 또는 필사筆寫하는 것이다. 또한 예술 분야에서는 거장 또는 스승의 작품을 따라-그리模寫거나 따라-부르는模唱 것을 반복적으로 훈련하는 방법이다.

무척 번거로운 데다 시대에 뒤떨어진 구닥다리 학습법이라고 생각할지 모른다. 그러나 이제 차츰 확인하게 되겠지만, 그것은 근대 이후 대중교육이 행해지면서 생긴 편견이다. 돌처럼 굳어진 선입견을 깨기 위해 지면을 할애해 조금 자세히 설명하고자 하는데, 따라-하기는 1)근대 이전에는 동서양을 막론하고 시행해오던 엘리트 교육 방법이었고, 2)오늘날 눈부시게 발전하고 있는 뇌신경과학이 증명하는 탁월한 학습 방법이다. 정말 그런지, 또 왜 그런지를 이제부터 차례로 살펴보고자 한다. 먼저 따라-하기가 동서양을 막론하고 시행해오던 엘리트 교육 방법이었다는 점부터 점검해보자.

따라-하기의 기원

고대 그리스로 거슬러 올라가 살펴보자. 고대 그리스인들은 아직 공식 교육기관이 생겨나기 전부터 너나없이 호메로스의 서사시 《일리아스》와 《오디세이아》를 낭송·암송하며 살았다. 그럼으로써 그들은 약탈과 전쟁을 일삼는 호전적 야만인으로부터 가족과 땅과 공동체를 지키고자 하는 이성적 인간으로 향하는 길을 닦았다. 그리고 그것이 오늘날까지 누구나 경탄해 마지않는 그리스 황금기기원전 450~기원전 322를 준비하는 과정이 되었다.

그들은 예컨대 《일리아스》를 암송하면서, 트로이 왕 프리아모스가 헬레네를 돌려보내지 않아 끔찍한 전쟁의 고통과 멸망을 감수했다는 역사적 사실뿐 아니라, 잘못된 판단으로 취한 행위는 반드시 나쁜 결과를 낳는다는 보편적 교훈을 얻었다. 또한 아킬레우스 같은 영웅도 명예를 위해서는 죽음을 받아들여야 했다는 개별적 사실뿐 아니라, 인간은 누구나 가치 있는 것을 위해서는 목숨을 걸어야 한다는 일반적 원리를 깨우쳤다. 헥토르가 사랑하는 부모와 아내의 눈물 어린 만류를 뿌리치고 아킬레우스와 싸우러 나갔다는 개인적 사건뿐 아니라, 누구든 올바르게 살기 위해서는 자기 자신에 대한 의무감을 가져야 한다는 숭고한 도덕을 배웠다.[10]

바로 이것이 기원전 8세기에 헬라스를 떠돌며 서사시들을 낭송하고 살았던 가객歌客, aoidos 호메로스를 늦어도 기원전 6세기부터는 모든 그리스인이 위대한 스승으로 숭배한 이유다.[11] 또한 이것이 《일리아스》와 《오디세이아》가 '그리스인의 성서'로 불린 까닭이다. 20세기 영국의 대표적 고전학자였던 험프리 키토Humphrey Kitto가 밝혔듯이, "이 두 시들은 수백 년 동안 공식적인 학교 교육과 일반 시민의 문화생활을 통틀어 그리스 교육의 기본이었다."¹² 서양의 교육은 이 같은 문화적 배경과 낭송 또는 암송의 전통에서 탄생했고, 그것이 이후 중세를 거쳐 근대 대중교육이 이뤄지기 전까지 이어져왔다.

아테네에 초보적 교육제도가 생긴 것은 기원전 6세기 무렵이었다. 개혁가 솔론Solon, 기원전 630~기원전 560이 "읽고 쓰는 것을 배우는 일을 아테네에서 의무적인 것으로 만든 최초의 인물"이다. 그리고 기원전 5세기 중반 페리클레스 시대에는 이미 잘 정비된 초등교육 제도가 있었고, 학교에 다니는 것이 모두에게 의무였다는 기록은 없지만, 자유민으로 태어난 소년들은 일반적으로 학교에 다녔다.¹³ 그것은 도시국가를 이끌 시민을 기르기 위한 제도적 교육이었는데, 그들은 그것을 '훈련', '교육', '도야'라는 의미를 가진 '파이데이아paideia'라고 불렀다.

파이데이아는 세 부분으로 나뉘어 행해졌다. 체육 활동을 가르치는 파이도트리베스paidotribēs, 음악교육을 담당하는 키타리스테스citharistēs, 그리고 문법, 수사학, 기하학, 자연학을 가르치는 그라마티스테스grammatistēs가 그것이다.¹⁴ 여기서 우리가 주목하고자 하는 것은 그들의 학습 과목이 아니라 이 과목들의 학습 방법이다. 고대 그리스인들은 무엇이든 언제나 따라-하기를 통해 배웠다. 곧 문법, 수사학, 기하학, 자연학에서는 각 분야의 탁월한 텍

스트를 반복적으로 낭송·암송했고, 음악에서는 스승의 노래나 악기 연주를 반복해 따라 연습했고, 체육에서는 올림픽 우승자들의 모범적인 몸동작을 따라 훈련하며 육체를 단련했다.

파이데이아는 이후 헬레니즘이라는 이름으로 로마에 들어가, 중세의 사회적·정치적 지도자를 육성하기 위한 엘리트 교육 과목인 '일곱 가지 자유학예septem artes liberales'의 기초가 되었다. 여기에서 자유학예라고 번역한 아르테스 리베랄레스artes liberales라는 라틴어에 주목하자. 그것이 오늘날 우리가 영어로 리버럴 아츠liberal arts라 부르고, 우리말로 인문학이라고 번역하는 말의 기원이기 때문이다. 일곱 가지 자유학예는 '3학trivium'과 '4과quadrivium'로 구성되었다. 3학이란 문법, 수사학, 변증법을 말하고, 4과는 산술, 기하학, 음악, 천문학을 일컫는다.

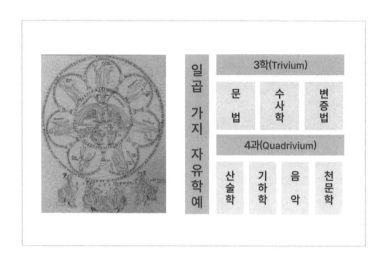

얼핏 보면 오늘날 우리가 말하는 인문학과는 사뭇 다르다. 문법, 수사학, 변증법 3학이 인문학이라는 것은 당연해 보인다. 그러나 4과, 곧 산술과 기하학, 천문학, 특히 음악이 인문학에 속한다는 데에는 의문이 생길 수 있는데, 그것은 그리스의 파이데이아로부터 이어져 내려오는 피타고라스학파의 영향 때문이었다.

"만물의 근원이 수數, arithmos"라고 주장한 피타고라스학파에 의하면, 우주에는 수의 비례로 이루어진 조화harmonia가 있기 때문에, 인간은 그것을 탐구해 마땅히 그것에 맞춰 살아야 한다. 이 조화의 탐구에서 산술, 기하학, 천문학, 음악, 네 가지 학문이 나왔다. 그 때문에 중세에는 4과 역시 인문학에 속한다고 생각했다.¹⁵ 그리고 일곱 가지 자유학예를 농경, 목공, 야금, 직물 등을 교육하는 민중기예artes vulgares와 엄격히 구분했다. 하지만 자유학예든 민중기예든 학습하는 방법은 늘 똑같았다. 그것은 그리스의 파이데이아와 마찬가지로 따라-하기였다.

따라-하기의 역사적 근거

현대 대중교육에 익숙한 우리에게는 낭송과 암송이 탁월한 교육법이자 학습법이라는 말에 여전히 의구심을 가질 수밖에 없다. 그러나 앞에서 살펴보았듯 고대와 중세의 학습법에는 오직 낭송과 암송만 있었다. 지금처럼 텍스트를 소리 내지 않고 읽는 묵독默讀은 고대는 물론이거니와 중세까지도 아주 생소한 독서법이었다. '언어의 파수꾼'이자 '책의 수호자'로 불리는 아르헨티나의 작가 알베르토 망구엘Alberto Manguel의 《독서의 역사》에 의하면, 심지어 중세의 한때는 묵독이 '마녀의 독서법'으로 여겨져 금지되었고, 적어도 10세기까지는 어떤 글이든 주위 사람들이 다 들을 수 있도록 낭독하는 것이 당시 서양 사람들의 관습이었다.¹⁶

왜 그랬을까? 그것을 알아보기 위해 몇 가지 구체적인 예를 들자면, 기원전 5세기에 살았던 소크라테스는 암송할 수 있는 것만을 그 사람의 지식으로 간주했다. 또 알렉산드로스 대왕이 언젠가 어머니에게서 온 편지를 소리 내지 않고 읽자 부하들이 무척 당혹스러워했다는 기록도 남아 있다.[17] 그로부터 700년이 지나 쓰인 성 아우구스티누스Augustinus , 354~430의《고백록》에도 당시 밀라노 감독이었던 성 암브로시우스가 묵독을 하고 "절대로 큰 소리를 내어 글을 읽지 않았다"라고 기이하게 여기는 내용이 적혀 있다. 4세기까지 정상적 독서법은 '낭독'이었다는 뜻이다.

사실 이후에도 마찬가지여서, 6세기의 수도사 성 베네딕투스 폰 누르시아가 만든 베네딕투스 수도회 회칙에는 식사 시간에도 육체뿐 아니라 정신에까지 자양분을 공급하기 위해 큰 소리로 책을 읽어야 한다는 내용이 담겨 있다. 시대를 훌쩍 뛰어넘어 12세기에 주로 활동한 천문학자이자 시인이었던 오마르 하이얌도 큰 나뭇가지 밑의 탁 트인 공간에서 시를 낭송할 것을 권했다. 당시 사람들은 책장에 쓰인 단어는 죽어 있는 데 반해 큰소리로 말해진 단어는 다시 살아나 날개를 달고 날 수 있다고 생각했기 때문이다.[18]

이 같은 일화들은 고대와 중세에는 관습상 독서와 학습이 낭송과 암송을 통해 이루어질 수밖에 없었다는 것을 증명한다. 그런데 그게 이유의 전부였을까? 관습이란 대부분 경험의 산물이다. 만일 고대와 중세 사람들이 낭송과 암송 같은 학습 방식이 좋지 못한 결과를 가져온다고 생각했다면 그것이 그토록 오래 유지될 수 있었을까? 아니다. 그들은 분명 낭송과 암송의 교육 효과를 경험적으로 깨우쳤을 것이다. 우리는 매우 인상적이고 교훈적인 사례 하나를 아우구스티누스의 《고백록》에서 찾아볼 수 있다.

성 아우구스티누스의 경우

신약시대의 가장 뛰어난 신학자이자 라틴어를 사용한 가장 위대한 인물로 꼽히는 아우구스티누스는 북아프리카의 조그만 시골 마을 타가스테에서 태어나 어린 시절 매우 열악한 교육을 받았다. 학교에 가면 라틴 고전을 억지로 송두리째 외워 큰 소리로 낭송하는 게 전부였다. 교재는 베르길리우스, 아풀레이우스, 살루스티우스, 테렌티우스 등이 남긴 라틴 문학작품뿐이었다. 그 탓에 아우구스티누스는 과학과 철학은 전혀 배우지 못했고, 당시 학자들의 공용어인 그리스어는 죽을 때까지 익히지 못했다.(《고백록》, 1. 12~14) 고대의 저명한 라틴 신학자들 가운데 그리스어를 모르는 사람은 아우구스티누스뿐이었다.

흥미로운 것은 이같이 부실한 교육이 훗날 아우구스티누스가 시대를 뛰어넘는 위대한 인물이 되는 데에 튼실한 기반이 되었다는 아이러니한 사실이다. 그러나 세상에는 이유 없는 결과가 없는 법이다. 그가 통째로 암기한 서사시와 산문들은 하나같이 완벽하고 표현이 뛰어난 것들이었다. 그중에서도 로마의 시인 베르길리우스Vergilius, 기원전 70~기원전 19의 문장은 더할 수 없이 탁월했다. 훗날 이탈리아 르네상스의 문을 연 단테까지도 흠모하여 《신곡》에서 자기를 인도하는 스승으로 등장시킨 이 시인은 "결코 실수를 범하지 않을 뿐 아니라 칭찬을 받지 못할 글은 단 한 줄도 쓰지 않는" 인물이었다.

아우구스티누스는 다른 무엇보다도 베르길리우스의 서사시 《아이네이스》에 몰입해 통째로 낭송하곤 했다. 비록 본인이 의도하지는 않았지만, 이 책에서 말하는 따라-하기를 한 것이다. 그 덕에 그는 청년 시절에 이미 뛰어난 웅변가이자 탁월한 수사학자가 되었고, 나중에는 청중과 독자들에게 눈물과 감동을 불러일으켜 설득하는 구어체 언어의 대가가 되었다. 그것이 그가 이교도들과 논쟁할 때뿐 아니라 수많은 저술과 설교로 기독교인들을 설득할 때에도 더없이 좋은 무기가 되었다. 그리고 마침내 그를 2,000년 기독교 역사상 가장 위대한 학자로 만들었다.

퇴계, 다산, 서포, 백강의 경우

서양에서만 그랬겠는가? 우리 조상들은 어땠을까? 그들도 어릴 때 천자문부터 시작하여, 평생 집안과 서원에서 한시漢詩와 사서삼경四書三經을 큰 소리로 낭송하고 암송하며 살았다. 그럼으로써 올곧은 군자君子의 길을 걸어갔다. 예부터 양반 집안에서 들려야 하는 세 가지 기쁜 소리三喜聲에, '아이 우는 소리', '다듬질 소리'와 함께 '책 읽는 소리'가 들어 있는 것이 그래서다.

그뿐 아니다. 잘 알려진 것처럼, 동양화를 배우는 사람들이 스승의 작품을 모사하는 것, 창唱을 훈련하는 이들이 스승의 소리를 모창하는 것은 가장 중요한 교육과정이었다. 우리 조상들도 따라-하기를 통해 학습을 했다는 뜻이다. 역시 대표적 예를 몇 가지 들어보자.

퇴계 이황1501~1570과 다산 정약용1762~1836은 사서삼경 같은 텍스트를 단순히 낭송·암송하는 데에 그치지 않고, 이해가 되지 않거나 궁금한 부분은 반드시 필사해가며 읽었다. 우리 이야기의 맥락에서 본다면, 바로 이것이 두 사람이 당대에 타의 추종을 불허하는 학문적 탁월함에 다다른 비결 가운데 하나일 것이다. 물론 그들만 그런 것은 아니었다. 낭송·암송은 그 시대에 널리 알려진 학습법이었다. 그러다 보니 대부분의 양반집에서는 아직 어려 글을 모르는 자녀나 손자 들까지 무릎에 앉혀놓고 소리 내어 책을 읽어주는 구송口誦이 드물지 않았다.

예컨대《구운몽九雲夢》을 쓴 서포 김만중1637~1692의 어머니 해평 윤씨는 두 아들이 어릴 때 밤마다《삼국지》와 같은 책을 구송해주었다. 병자호란 때 남편이 세상을 떠나 집안 사정이 어려워져 책을 살 수 없게 되자, 이웃에서 책을 빌려 손수 필사해서 아들들에게 낭송 또는 암송하게 했다는 이야기도 전해온다. 훗날 김만중은 대사헌과 대제학을 지냈고, 형 김만기는 병조판서와 대제학을 역임했다.

효종 때 영의정을 지낸 백강 이경여1585~1657의 집안은 3대에 걸쳐 문형文衡을 배출했다. 문형은 홍문관 대제학, 예문관 대제학, 성균관 대사성(또는 지성균관사), 곧 학문을 관장하는 세 개의 관직을 두루 겸임한 사람만이 얻는 별칭이었다. 3대가 모두 학문의 대가였다는 것인데, 그 비결은 이경여의 부인 풍천 임씨가 자식과 손주에게 어릴 때부터 책을 읽어주고 낭송·암송하게끔 교육한 것이었다.

한마디로 정리하자면, 동서양을 막론하고 근대 산업사회에서 필요한 노동자를 기르기 위한 대중교육이 시작되기 전까지 행해졌던 교육과 학습의 주요 방법은 '따라-하기'였다. 다시 말해 탁월한 텍스트를 반복해서 낭송·암송 또는 필사하거나, 거장 또는 스승의 작품들을 거듭 필사 내지 모사·모창하는 것이었다. 왜 그랬을까? 혹시 예전에는 교육에 관한 과학적 연구와 이론이 부족하다 보니 궁여지책으로 생겨난 교육법 또는 학습법이 아닌가 하고 생각할 수도 있다.

어쩌면 그럴지도 모른다. 하지만 앞에서 언급했듯이 그것이 전부는 아닐 것이다. 따라-하기가 서양에서 동양에 이르기까지, 고대에서 근대에 이르기까지 모범적인 학습법으로 인정받아왔다는 사실을 고려해보면, 옛사람들도 따라-하기가 지닌 탁월한 학습 효과를 경험을 통해 분명 깨우쳤을 것이다. 다만 그것이 왜 그런 효과를 내는지를 몰랐을 뿐이다. 그래서 우리는 이제 '따라-하기가 왜, 그리고 어떻게 그리도 뛰어난 학습 효과를 가져오는가'에 대한 과학적 근거를 살펴보고자 한다.

따라-하기의 뇌과학적 근거

따라-하기가 지닌 탁월한 학습 효과는 교육신경과학이 이미 증명해냈다. 교육신경과학자들에 의하면, 우리가 따라-하기를 반복할 때, 예컨대 뛰어난 시 또는 산문들을 낭송하거나 암송할 때, 바둑기사들이 명인의 대국을 복기復棋(한 번 둔 바둑을 두었던 대로 처음부터 다시 놓아보는 것)할 때, 동양화를 배우는 사람과 소리唱를 배우는 사람들이 스승의 작품을 모사하거나 모창할 때, 또 작곡 공부를 하는 사람이 걸작들을 필사할 때, 뇌에서는 놀라운 현상이 일어난다.

 그것은 새로운 뇌신경망이 생겨나 우리의 뇌가 차츰 탁월한 천재와 거장, 위대한 스승과 학자들의 뇌처럼 변해간다는 사실이다. 앞에서 잠시 소개했듯이, 뇌신경과학에서는 우리의 뇌가 지닌 이러한 성질을 '뇌신경 가소성'이라 부른다. 뇌신경 가소성이라는 말이 얼핏 들어 어렵고 따분한 이야기 같지만, 알고 보면 매우 흥미롭고 유익하다.

학습과 뇌신경 가소성

커즈와일의《마음의 탄생》에 의하면, 학습의 신경학적 기초를 처음으로 마련한 인물은 캐나다 심리학자 도널드 헵Donald Hebb, 1904~1985이다. 헵은 우리의 뇌가 어떤 일을 할 때는 그에 연관된 여러 뉴런neuron(뇌신경)들이 동시에 활성화되는데, 이때 함께 활성화되는 뉴런들은 서로 연결된다는 것을 알아냈다. 그 일이 반복되면 그 뉴런들의 연결이 굳어지는데, 오늘날 뇌과학자들은 이렇게 굳어진 연결들을 뇌신경망이라 부른다. 그리고 이렇게 만들어진 뇌신경망이 뇌가 어떠한 기능을 할 수 있도록 한다.

　뇌신경망이 만들어지는 과정을 조금 자세히 설명하자면 이렇다. 우리의 뇌에는 예를 들어 읽기만을 담당하는 부분은 없다. 그 때문에 우리가 독서를 하려면 뇌에서는 시각과 기억을 담당하는 후두엽, 단어의 의미를 이해하는 베르니케 영역, 주의력과 공간 감각을 담당하는 두정엽 등 뇌의 많은 부분에 있는 뉴런들이 동시에 활성화되어야 한다. 이런 활성화가 반복되면, 함께 활성화하는 신경들이 〈그림 3〉의 오른쪽 부분처럼 서로 연결된다. 요컨대 동시에 활성화하는 신경들은 함께 묶인다. 이렇게 생긴 연결을 시냅스synapse라 한다.

아래 〈그림 3〉의 왼쪽 확대 부분에서 보듯이, 시냅스에서는 정보를 방출하는 축색돌기axon와 그것들을 받아들이는 수상돌기 dendrite 사이에서 전기적 또는 화학적 정보전달이 일어나는데 반복적 활성화가 그 활동을 용이하게 한다. 또한 신경들을 감싸 마치 전선의 피복과 같은 역할을 하는 지방물질인 미엘린myelin을 두껍게 해 정보전달을 더 빨라지게 만든다. 우리가 독서를 습관화하면 독서능력이 향상되는 것이 그래서다.

헵은 뉴런을 학습의 기본단위로 보고, 그것들이 서로 연결되어 학습을 가능케 한다고 가정했다. 그러나 이를 진전시킨 이후

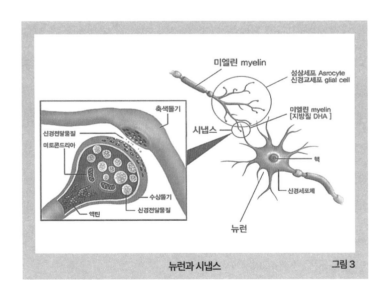

뉴런과 시냅스   그림 3

연구들에 의하면 학습의 기본단위는 뉴런이 아니라, 아래 〈사진 3〉의 오른쪽에 간략히 도식화해놓은 것과 같은, 뉴런이 100개 정도 모인 뉴런집합이다. 커즈와일은 이 뉴런집합을 '패턴인식기Pattern Recognizer'라 부르는데, 우리의 뇌는 3억 개가량의 패턴인식기로 이루어져 있다.

우리가 세상을 경험하고 학습하는 과정을 통하여 뇌는 이러한 패턴인식기들을 '함께 활성화되는' 정도에 따라 서로 연결하거나 단절하여 뇌신경망neural network을 조직한다.[19] 이 말은 우리의 뇌는 반복되는 경험이나 학습을 통해 새로운 뇌신경망을 형성함으로써 스스로를 변화시킨다는 것을 뜻한다. 이런 능력을 학

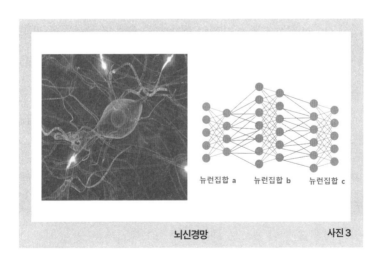

뉴런집합 a   뉴런집합 b   뉴런집합 c

뇌신경망   사진 3

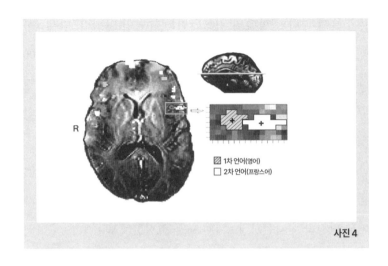

사진 4

자들이 뇌신경 가소성이라 하는 것이다.

〈사진 4〉에는 조금 오래되었지만 지금 우리의 이야기와 연관해 흥미롭고 선구적인 촬영 영상이 담겨 있다. 이 사진은 1997년 서울대 연구소가 이끄는 연구팀이 1차 언어로 영어를, 2차 언어로 프랑스어를 사용하는 이중언어 구사자가 소리를 내지 않고 문장을 생각해내는 작업silent sentence-generation task을 수행하는 동안 활성화되는 뇌 영역을 기능성 자기공명영상촬영 장치로 찍은 것이다.

이 사진을 보면 영어를 사용할 때 활성화되는 빗금 친 부분과

IV.

프랑스어를 사용할 때 활성화되는 흰색 부분이 각각 다르게 나타났다.* 이 연구는 12세 이후에 2차 언어를 배운 사람의 뇌에는 각각 다른 언어를 위한 뇌신경망이 형성되는 것을 확인해준 최초의 사례로 그해 〈네이처Nature〉지에 발표되었다.

이 논문에 관해 당시 학자들 사이에서는 이런저런 세부적 논란이 있었다.** 그럼에도 이 영상이 인상적으로 보여준 뇌신경 가소성을 의심하는 뇌신경학자는 없다. 따라서 〈사진 4〉의 기능성 자기공명영상을 학습이 새로운 뇌신경망을 형성케 하여 뇌를 바꿀 수 있다는 것을 가시적으로 보여준 최초의 사례로 해석하는 데에 무리가 없다.

---

* 서울대학교 연구팀은 2차 언어의 습득 시기를 평균 11.2(±1.5)세로 일정하게 맞추고, 그 이전에 2차 언어를 배운 조기 이중언어 구사자 6명과 그 이후에 배운 후기 이중언어 구사자 6명을 대상으로 실험을 진행했다. 조기 이중언어 구사자의 뇌에서는 서로 다른 언어를 처리하는 뇌의 영역이 구분되지 않는다. 〈사진 4〉는 후기 이중언어 구사자의 뇌를 촬영한 것이다.
** 이 연구 결과에 반대하여 서로 다른 언어를 처리하는 뇌의 영역이 구분되지 않는다는 주장을 하는 논문들도 속속 게재되었다(Klein et al, 1999; Chee et al, 1999; Hasegawa et al, 2002 등). 그런가 하면 언어 처리 과정에서 동원되는 뇌의 영역은 언어 습득 시기뿐 아니라 언어에 대한 노출language exposure 빈도, 언어의 유창성language proficiency과의 관계 등과 복잡하게 얽혀 있는 여러 원인에 영향을 받는다. 그 때문에 서울대학교 연구팀같이 언어 습득 시기만을 언어별로 관장하는 뇌 영역이 다르게 나타나는 현상의 원인으로 꼽는 것은 부적절하다는 비판도 있었다(Sakai, 2005). 또한 연구자별로 fMRI 실험을 구성하는 방식이 서로 다르면 각각 다른 결과가 나온다는 주장도 제기되었다(Vingerhoets et al, 2003).

요점은 간단하다. 이 책을 통해 은유를 익히고, 또 지속해서 반복해 훈련하면 당신의 뇌에 아리스토텔레스가 "천재의 표상"이라고 한 은유를 구사할 수 있는 뇌신경망이 생겨난다는 것이다. 그 결과 당신이 누구든─다시 말해 성별, 학력, 나이와 무관하게─설득력 높은 언어를 구사하며 남다른 창의적 발상을 떠올리는 인재가 될 수 있다는 말이다.

혹시 아직도 설마 하는 생각이 드는가? 하지만 이것은 마치 우리가 컴퓨터 하드웨어에 '워드'나 '한글'과 같은 문서 프로그램을 설치하면 각종 문서작업을 할 수 있고, 포토샵이라는 소프트웨어를 깔면 다양한 이미지 작업을 할 수 있는 것과 같이 단순한 이치다. 은유적 사고를 익히고 훈련하면 그것을 담당하는 뇌신경망이 생겨 은유적 사고를 할 수 있는 능력이 생긴다는 뜻이니까 말이다. 설령 그렇다 해도 아직은 이런저런 이유로─가령 나이 때문에, 또는 어떤 태생적 한계 때문에─내게는 해당하지 않는다고 여겨지는가? 그렇다면 들려주고 싶은 이야기가 있다.

나도 내 뇌를 바꿀 수 있다

"뇌는 나를 변화시킨다. 마찬가지로 나도 뇌를 변화시킬 수 있다." 이 말은 스스로 개발한 인지훈련으로 자신의 지적장애를 극복한 캐나다의 인지심리학자 바바라 애로우스미스 영Barbara Arrowsmith Young이 한 말이다. 한 편의 영화처럼 감동적인 그녀의 이야기를 들어보자.

애로우스미스 영은 일곱 가지 학습장애를 지닌 아이였다. 같은 것을 수없이 반복해 읽고 써도 내용을 이해하거나 기억하는 데 어려움이 많았고, 기호들 사이의 관계를 이해하지 못해 1+1이 왜 2인지 알지 못했다. 공간감각이 없어 몸의 균형을 잡지 못해 자주 넘어지고 어디를 가나 길을 잃었다. 그러나 그녀는 뛰어난 기억력을 갖고 있었고, 의지가 강한 성격이었다.

그녀는 자신의 약한 뇌 기능을 강화할 인지훈련들을 하나하나 스스로 개발하여 놀라운 치료 효과를 보아 결국 토론토대학교에서 학교심리학으로 석사학위를 받았다. 현재는 '애로우스미스 학교'와 '애로우스미스 프로그램' 총책임자로 지적장애아들을 돕는 일을 하고 있다. 그녀가 개발한 훈련들은 캐나다와 미국의 여러 학교가 교육 프로그램으로 채택한 '애로우스미스 프로그램'의 기초가 되었다.

그녀가 외친 "뇌는 나를 변화시킨다. 마찬가지로 나도 뇌를 변화시킬 수 있다"라는 말은 단순히 뇌신경 가소성의 존재를 알리는 구호가 아니라 인간 승리의 선언이자 희망의 메시지이기도 하다. 애로우스미스 영은 《매일매일 성장하는 뇌》에서 다음과 같이 썼다.

뇌는 마치 하나의 근육과 같습니다. 만약 당신이 뇌를 올바른 방법으로 훈련시키기만 한다면, 뇌의 능력을 높일 수 있습니다. 뇌는 자신의 자극에 반응하면서, 항상 변합니다. 무엇보다 정보처리를 하는 신경회로를 개선하는 올바른 훈련을 받으면, 문제가 되는 약한 인지 기능을 강화할 수 있습니다. 과정의 문제점을 해결해나갈 수 있습니다. 뇌는 변합니다. 물리적으로도, 화학적으로도, 기능적으로도 말입니다.[20]

어떤가? 우리의 뇌가 지닌 뇌신경 가소성이 우리에게 무슨 일을 할 수 있으며, 어떤 의미를 지니고 있는지를 감동적으로 전하는 이야기가 아닌가? 인공지능의 선구자 마빈 민스키Marvin Minsky가 일찍이 선언했듯이, 우리 뇌의 가장 중요한 활동은 스스로 변화하는 것이다. 내친김에 한 걸음 더 나아가보자.《기적을 부르는 뇌》의 저자인 노먼 도이지Norman Doidge는 '뇌가소성 혁명이 일구어낸 인간 승리의 기록들'이라는 부제가 붙은 이 책에서 믿기 어려울 만큼 놀라운 사례들을 다양하게 소개했다.

도이지는 훈련을 통해 시각장애인의 시각피질이 청각 신호를 처리하도록 재조직되는 경우처럼, 손상된 뇌를 재조직하여 제대로 작동하지 않는 부분의 기능을 다른 부분에 넘겨줄 수 있으며, 죽은 뇌세포도 때때로 교체될 수 있다는 것을 증명하는 사례들을 책에 실었다.[21] 또한 근육을 훈련하는 상상을 하면 그저 상상만 한 것임에도 실험자들도 정말로 근육 강도가 증가했고, 심지어 상상만으로 피아노 연주 연습을 한 훈련자들 또한 일정 수준의 성과를 얻을 수 있었던 사례도 소개했다.[22] 도이지는 "생각이 정말로 우리의 뇌를 변화시킨다!"라고 강조한다.

다른 관련 연구 결과 보고도 많다. 독일의 뇌신경과학자 닐스 비르바우머Niels Birbaumer는《뇌는 탄력적이다》에서 학습을 하면 뇌신경망이 운동할 때 근육이 불어나는 것보다 더 빨리 불어나고, 나이와도 무관하게 생겨난다고 했다. 그뿐 아니다! 퓰리처상 수상자이자《가장 뛰어난 중년의 뇌》의 저자 바버라 스트로치 Barbara Strauch도 뇌신경 가소성은 나이와 무관하게 유지된다면서,

오히려 중년의 뇌가 더 뛰어나다고 주장했다. "나이가 들어가는 뇌의 참된 본질은 우리에게 세계에 대한 더 넓은 시각, 패턴을 보는 능력, 각종 사실과 관점을 연결하는 능력, 심지어 더 창의적으로 생각하는 능력을 선사하는 것"[23]이라는 게 그 이유다.

다시 말해 "이미 알고 있는 것과 아주 조금이라도 관계가 있는 정보와 마주하면, 중년의 뇌는 더 빨리 더 영리하게 일하면서 패턴을 분별해 논리적 결론으로 도약"하고, 또한 "큰 그림을 더 잘 파악하게" 되며, "이질적인 실마리들을 한데 묶어 새로운 전체를 만드는 성향이 더 커진다"라는 것이다.[24] 어떤가? 만일 당신이 나이 때문에 젊은이들보다 덜 창의적일 수밖에 없다고 생각하거나 새로운 일을 시도하는 데에 자신이 없었다면, 매우 희망적인 연구 결과가 아닌가?

자, 그럼 생각해보자! 우리가 은유를 익히고 훈련해 뇌에 은유를 구사할 수 있는 새로운 뇌신경망을 만들어 창의적 인재가 되는 일은 애로우스미스와 도이지가 소개한 숱한 특별한 사례에 비하면 식은 죽 먹기 아닌가? 그래서 우리는 지금부터 따라-하기를 통해 그렇게 쉽고 그렇게 유용한 일을 하려고 한다. 그런데 여기서 우리는 은연중 마음에 품고 있을지도 모르는 강렬한 의심 하나와 마주하게 된다. 그것이 뭐냐고?

따라-하기가 모방이라고?

따라-하기를 따라다니는 가장 강력한 의심은 그것을 하면 기껏해야 모방에 그치게 되지 않을까 하는 것이다. 예컨대 기성 문인들의 시와 산문들을 낭송·암송 또는 필사하면, 그들의 문체를 모방하는 것에 머물지 않을까? 또 악보를 필사하거나 그림을 모사하면 단순한 모방작을 만들어내는 데에 그치지 않을까 하는 염려다. 당연한 고민이지만, 공연한 걱정이기도 하다. 결론부터 말하자면, 따라-하기가 오히려 창의를 낳는 산실이다. 만일 당신의 고개가 지금 갸우뚱해졌다면, 일례로 아기들이 말을 배우는 과정을 한번 생각해보라.

아기들은 문법을 배우면서 말을 시작하지 않는다. 그들은 어른의 말을 듣고 그대로 따라 하며 말을 배우지만, 얼마 지나지 않아 자연스레 자기 자신의 의사를 표현한다. 아기의 뇌가 어른들이 하는 말을 단순히 기억하는 데 그치지 않고, 반복적인 따라-하기를 통해 말 안에 들어 있는 패턴—곧 문장 구성에 필요한 일련의 규칙$_{syntax}$—을 자신도 모르는 사이 차츰 익혀서 언젠가부터는 자신이 하고 싶은 말을 할 수 있게 되기 때문이다. 이 말은 반복적인 따라-하기를 통해 아기의 뇌에 언어를 구사할 수 있는 뇌신경망들이 점차 생성되어 발달한다는 것을 뜻한다.*

성인들이 녹음장치를 통해 이야기를 반복해 듣는 경우에도 뇌에서는 유사한 현상이 일어난다. 이때에도 우리의 뇌는 단어 배열의 정확한 순서를 하나하나 외우는 것이 아니다. 이야기를 반복해 들을 때 뇌는 이야기 구조를 하나의 패턴으로 기억한다. 같은 이야기라 해도 여러 사람이 들을 때 각자가 재생해내는 내용에 조금씩 차이가 있고, 여러 사람을 거쳐 전달될 때에도 이야기 자체가 차츰 달라지는 것도 그래서라고 할 수 있다.[25] 이 점에서 인간의 뇌는 단어의 배열을 낱낱이 순서대로 저장하는 컴퓨터 메모리와 다르다.

우리의 뇌는 컴퓨터 메모리보다는, 이세돌 9단과 겨룬 알파고 리AlphaGo Lee처럼 딥러닝deep learning을 도입한 인공지능에 가깝다. 알파고 리도 반복을 통해 학습하며, 대상 그 자체를 기억하는 것

---

* 뇌신경학자들에 의하면, 언어를 처리하는 뇌신경망의 생성과 발달은 태어나면서 시작하여 대강 스무 살 초반까지 진행된다. 뇌영상을 통해 아동과 성인의 피질 활성화 데이터를 비교해보면, 아동의 활성화 패턴이 성인의 것보다 더 산만하게 나타난다. 그러나 이 산만한 패턴들은 아동의 언어 역량이 발달해감에 따라 정교한 패턴으로 정리되어간다. 학자들은 이러한 현상을 두고 성인의 뇌라면 고정되고 강화된 신경망들에 의해 자동으로 수행할 과제에, 아직 자동화되지 않은 아동의 뇌에서는 더 많은 신경망이 참여하여 더 많은 인지적 자원을 소모한다는 의미인 것으로 해석한다(데이비드 A. 수자 엮음, 이찬승·김미선 옮김, 《마음·뇌·교육》, 한국뇌기반교육연구소, 2014, 126~129쪽 참조).

이 아니라 그 안에 들어 있는 패턴을 기억하기 때문이다. 이세돌 9단과의 대국에서 알파고 리가 자신이 기존에 학습한 빅데이터에 없는 창의적인 수를 둘 수 있었던 것이 그래서다. 하지만 우리의 뇌는 알파고 리와는 비교도 할 수 없이 탁월한 패턴인식기다. 이것이 우리가 지닌 놀라운 창의성의 근원이기도 하다. 인상적인 사례를 셋만 더 소개한다.

요한 제바스티안 바흐의 경우

18세기에 살았던 근대 서양음악의 아버지 요한 제바스티안 바흐Johann Sebastian Bach, 1685~1750는 아홉 살에 어머니를, 열 살에 아버지를 잃고 오르드르프교회의 오르간 주자인 큰형 요한 크리스토프 바흐와 함께 살며 작곡을 배웠다. 이때 그는 악보가 없어 밤마다 형의 악보를 필사했는데, 어찌나 열심이었는지 종잇값이 너무 많이 나가 형편이 넉넉하지 못했던 형이 말릴 정도였다.

그런데 여기에서 우리가 주목해야 할 것이 있다. 바흐가 어릴 때 밤새워 필사한 것은 당시 교회음악의 골격이었던 선적 대위법linear counterpoint을 사용한 악보들이었다. 그러나 그가 나중에 완성한 것은 화성 진행에 바탕을 둔 조성적 대위법harmonic counterpoint

을 사용한 음악이다.

이것이 무엇을 뜻하는가? 필사가 창의를 낳았다는 것이다! 악보들을 필사하면서 바흐는 그 악보들을 하나하나 암기한 것이 아니다. 악보들을 반복해 필사하면서 바흐의 뇌에는 자신도 모르는 사이 다양한 음악적 표현들을 하나의 패턴으로 인식하고 기억하고 구사할 수 있는 뇌신경망이 형성된 것이고, 그것이 훗날 그가 창의적으로 조성적 대위법을 완성하는 기반이 되었다. 결국 따라-하기가 바흐를 서양음악의 아버지로 불리게 해준 것이다.

파블로 피카소의 경우

20세기가 낳은 천재 화가 파블로 피카소Pablo Picasso, 1881~1973는 어려서부터 미술학교보다는 미술관을 더 자주 찾았다. 거기서 대가들의 작품을 베껴 그리며 독학했다. 그는 평생을 두고 부지런히 다른 대가들의 작품을 베껴 그리는 일에 결코 지치지 않았다. "피카소는 자신만의 관점에서 그리는 것이 아니라 관객들의 눈을 속이며 다른 화가들을 따라 그렸지요." 이것은 스페인 말라가에 있는 피카소재단의 로르데스 모레노Rordes Moreno 관장의 증언이다.

바르셀로나 몬카다 거리의 모퉁이에 위치한 국립 피카소미술관은 피카소가 소년기, 청년기, 장년기, 그리고 말년에 그렸던 스케치와 습작, 판화, 도자기 등을 시기별로 나누어 서로 다른 방에 전시해놓았다. 파리에 있는 국립 피카소미술관과 비교하면 이 미술관은 아주 작은 규모인 데다 널리 알려진 대작들이 전시되어 있지 않기 때문에 다소 실망스러울 수 있다. 하지만 그 때문에 오히려 피카소의 작품이 어떻게 변화했는지 한눈에 알아볼 수 있다는 것이 장점이다.

전시된 작품들을 보면, 피카소가 언제 벨라스케스를, 고야를, 뭉크를, 로트레크를, 마티스를 그리고 세잔을 따라 그렸는지가 한눈에 드러난다. 동시대에 활동했던 스위스의 조각가 알베르토 자코메티Alberto Giacometti, 1901~1966가 피카소를 가리켜 "남의 것만 베끼는 놈"이라고 험담을 한 것이 그래서다. 여기서 우리가 놓치지 말아야 할 것이 있다. 피카소가 대가들의 그림을 부지런히 따라 그리면서 자신만의 세계를 창조할 수 있었다는 사실이다.

〈그림 4〉를 보자. 왼쪽은 피카소가 평생 50번도 넘게 베껴 그렸다는 17세기 에스파냐 화가 디에고 벨라스케스Diego Velázquez,

벨라스케스, 〈시녀들〉, 1656   피카소, 〈시녀들〉, 1957

그림 4

1599~1660의 〈시녀들〉이다. 오른쪽은 피카소가 1957년에 베껴 그
린 〈시녀들〉이다.

어떤가, 피카소의 〈시녀들〉이 단순한 모방작으로 보이는가?
아마 아닐 것이다. 그렇다면 이것이 무엇을 의미하는가? 따라
그리기는 단순한 모방에 그치는 것이 아니라 결국 창의에 이르
게 한다는 사실이다. 바흐의 경우와 마찬가지로 피카소가 벨라
스케스의 〈시녀들〉을 반복해 모사할 때 그의 뇌에 벨라스케스
의 작품에 들어 있는 탁월한 은유적 패턴을 인식하고 기억하며

그것을 구사할 수 있는 뇌신경망이 형성된 것이고, 그것에서 자신만의 창의적 작품이 나온 것이다.

안도 다다오의 경우

널리 알려진 또 하나의 사례가 일본이 낳은 세계적인 건축가 안도 다다오安藤忠雄다. 그는 시골에서 태어나 자랐고, 공업고등학교 기계과 졸업이 최종학력이다. 게다가 고등학교 때는 공부보다 권투에 몰두했고, 졸업 후에는 막노동과 트럭 운전을 하며 살았다. 《건축을 시로 변화시킨 연금술사들》의 저자 황철호 교수에 의하면, 건축은 배워본 일도 없는 다다오가 하버드대학과 도쿄대학에서 강의까지 한 현대건축의 거장이 되는 데에는 두 가지 계기가 있었다.

하나는 '모사'고, 다른 하나는 '탐사'다. 다다오가 어느 날 헌책방에서 우연히 구한 프랑스의 건축가 르 코르뷔지에의 설계도면 전집을 책이 닳도록 베껴 그리며 학습했다는 일화는 유명하다. 또 그가 1965년부터 1969년까지 4년간 러시아·핀란드·스위스·이탈리아·그리스·에스파냐·프랑스·오스트리아·인도·미국 등 세계 각처를 답사하며 르 코르뷔지에, 미스 반데어로에,

아돌프 루스, 미켈란젤로, 알바 알토, 프랭크 로이드 라이트, 루이스 칸 등 현대건축사에 한 획을 그은 거장들의 작품을 직접 보고 베껴 그리며 학습했다는 사실도 널리 알려져 있다.

다다오는 언젠가 "내게 건축학과의 학생 시대나 설계사무소에서 수습하는 시기가 없었던 것은 다행인지 불행인지 알 수 없습니다"라고 고백했지만, 우리의 이야기와 연관해서 본다면 그것은 그에게 커다란 행운이었다. 왜냐하면 그가 당대 최고의 건축가였던 르 코르뷔지에의 도면을 부단히 모사할 때, 또 세계 각처에 있는 거장들의 작품들을 직접 보고 학습할 때, 탁월한 건축물에 들어 있는 패턴들을 인식하고 기억하며 그것을 구사할 수 있는 뇌신경망이 자신도 모르게 그의 뇌에 형성된 것이고, 거기서 그의 창의적 작품이 나온 것이기 때문이다.

윤동주와 김수영의 경우

2019년 6월 15일 자 〈조선일보〉에 이한수 기자가 쓴 「시인이 '베낀' 책」이라는 글이 실렸다. 우리의 이야기와 연관해 시사하는 바가 있어 그대로 옮긴다.

IV.

윤동주는 분명 《맹자》를 읽었습니다. '하늘을 우러러 한 점 부끄럼이 없기를'이란 〈서시〉 첫 부분은 맹자를 '베낀' 것입니다. 맹자는 군자의 세 가지 즐거움君子三樂을 말하면서 '하늘을 우러러 부끄러움이 없는 것仰不愧於天'을 첫째로 꼽았습니다. 하지만 그대로 베낀 건 아니지요. 윤동주는 부끄러움을 넘어 죽어가는 것에 대한 사랑으로 나아갑니다.

김수영은 《논어》를 베꼈습니다. '군자의 덕은 바람이고 소인의 덕은 풀이다. 풀 위로 바람이 지나가면 풀은 반드시 눕는다'는 말이 〈안연〉편에 나옵니다. 이 말은 《맹자》에도 나오네요. 김수영도 그대로 베끼진 않았습니다. '군자=바람', '소인=풀'의 관계를 뒤집었지요. 연약한 풀은 광포한 바람이 불면 눕지만 '바람보다 먼저 일어난다'고 일갈했습니다.

작가는 반드시 독자이기에 남의 글의 체취를 남기기 마련입니다. 문학평론가들은 이를 '상호텍스트성性'이라고 하더군요. 글을 읽다가 기시감이 든다면 예전 읽었던 작품 목록을 떠올려보지요.

문학평론가 유종호 교수는 일본 삿포로맥주박물관 벽에 적혀 있는 다나카 후유지1894~1980의 시를 보다가 기시감이 들었답니다. 한참만에 백석1912~1996이 떠올랐다네요. 신간 《작은 것이 아름답다》(민음사) 첫 장에서 '상호텍스트성의 현장'이란 제목으로 두 시인의 유사성을 적었습니다. '청년기의 백석이 다나카 후유지의 시에서 발상을 얻은 경우도 있다는 것은 확언해도 좋을 것'이라고 썼습니다. 그럼 '베낀' 것이냐고요? 유 교수는 말합니다. "예술에서 무로부터의 창조란 있을 수 없다. 기존 관습에 개성을 접목함으로써 작품이 이루어진다."[26]

그렇다! 따라-하기는 단순한 모방이 아니다. 알고 보면 그것은 거인의 어깨에 올라서 자기만의 새로운 세계를 찾아내는 탐사 행위다. 모두가 그런 것은 아니겠지만, 각 분야의 위대한 천재와 거장들도 따라-하기에서 시작했다. 아리스토텔레스가 "모방자는 창조자다"(《시학》, 9)라고 말한 것이나, 공자가 "옛것을 익혀 새로운 것을 알라溫故而知新"(《논어》, 〈위정〉편)라고 교훈한 것이 바로 이런 의미였다. 그래서 은유를 익히는 우리의 훈련도 따라-하기에서 시작하는 것이다.

정리하자면, 지금 우리가 주목해야 할 것은, 한마디로 반복의 중요성이다. 반복 학습이 1)새로운 뉴런을 생성하고, 2)뉴런 연결을 새롭게 구성해 새로운 뇌신경망을 조직하며 3)축색돌기·수상돌기 같은 뇌신경들을 둘러싼 미엘린 생성을 도와 정보를 더 빠르고 정확히 전달하게 하고 4)장기기억을 가능하게 하기 때문이다. 그럼으로써 학습을 빠르고 확실하게 만들고, 그 효과도 오래가게 한다.

그래서 도달한 결론은 이렇다. 우리가 뇌에 은유를 구사하는 뇌신경망을 구축하기 위해서는—그럼으로써 이해력과 설득력이 높은 말과 글을 구사하고, 자신이 하는 일에서 창의적 아이디어를 내는 사람이 되기 위해서는—탁월하고 모범적인 은유적 표현을 낭송·암송·필사·모사·모창하는 등의 따라-하기를 반복해서 실행해야 한다. 단, 여기에도 조심해야 할 사항은 있다.

빛이 밝으면 그림자도 짙다

따라-하기를 할 때 우리가 반드시 유의해야 할 사항은 모범적이고 뛰어난 사례들을 선별해 실행해야 한다는 것이다. 왜냐하면 좋지 못한 사례를 반복해서 따라-하면, 그것에 의해 새로운 뇌신경망이 생겨나 좋지 못한 습관이 고착되기 때문이다. 지금까지 소개한 사례—아우구스티누스, 이황, 정약용, 바흐, 피카소, 안도 다다오 등—이 모두 탁월한 텍스트나 거장 또는 스승의 작품들을 반복해 낭송·암송·필사·모사했던 것이 그래서다.

캐나다 언론인상인 내셔널 매거진 어워드 금상을 네 번이나 수상한 도이지는 《기적을 부르는 뇌》에서 좋지 못한 사례를 반복해 따라 배우는 경우 생기는 부작용에 대해 다음과 같이 분명하게 경고했다.

뇌가소성이 존재한다는 것이 모든 면에서 좋은 소식은 아니다. 뇌가소성은 우리의 뇌를 풍부하게 하기도 하지만, 외부 영향에 취약하게도 한다. 뇌가소성에는 더 유연하지만 동시에 더 경직된 행동을 만들어내는 힘―내가 '가소적 역설the plastic paradox'이라고 부르는 현상―이 있다. 얄궂게도 우리의 가장 고집스러운 습관과 장애들 가운데 일부는 우리가 지닌 가소성의 산물이다.[27]

도이지는 책에서 자신이 '가소적 역설'이라 부르는, 뇌가소성의 부작용으로 포르노그래피를 지속적이고 반복적으로 보고 중독된 남자들의 문제를 다룬다. 도이지에 의하면 우리의 정상적 성생활을 해치는 포르노 중독은 개인의 성적 취향이나 인간의 본능이라기보다 우리의 뇌가 지닌 가소성과 반복적인 따라-하기 때문에 생긴 일종의 뇌질환이다. 그래서 그는 그것의 치료에도 뇌가소성을 이용한 방법을 사용해 성공한 사례들을 소개

한다.²⁸

    요컨대 우리의 뇌가 지닌 가소성은 이처럼 반복되는 내용에 매우 유연하고 예민하게 반응하기 때문에 때로는 위험하기도 하다는 것이다. 따라서 우리는 따라-하기를 훈련할 때도 좋지 못한 텍스트는 피하고 모범적인 텍스트를 선별해야 한다. 앞에서 우리는 인지언어학자들이 개발한 새로운 은유 이론에 의해서, 은유의 활용 영역이 종전의 성역이었던 문학뿐 아니라 제반 학문과 예술, 종교, 정치와 같은 생활 전반, 다시 말해 인간의 정신이 활동하는 모든 분야로 확장되었다는 것을 알았다. 세상에는 헤아릴 수 없이 많고 다양한 은유적 표현이 존재한다는 뜻이다.

    한마디로 세계는 은유적 사고의 총체이고, 그 안에는 당연히 질적 차이가 있다. 그렇다면 이제 우리가 해야 할 것은 각자 관심 있는 분야에서 가능한 한 모범적이고 뛰어난 은유적 표현이 들어 있는 텍스트들을 찾아내 낭송·암송·필사·모사·모창하며 따라-배우는 일이다. 그 텍스트가 무엇이며, 어떤 방식의 따라-하기를 할 것인가 하는 것은 당신이 관심을 가진 분야가 무엇인가에 달려 있을 것이다. 우리의 이야기는 이제 학습의 왕도 가운데 두 번째 단계인 분석-하기로 넘어간다.

10. 분석-하기 — 이해

'큰 성에 들어가는 길은 하나가 아니다'라는 말이 있다. 앞에서 보았듯이, 데블린 교수와 같은 교육신경과학자들은 낭송, 암송, 모사, 모창과 같은 반복적이고 기계적인 경험을 통해 학습하는 따라-하기와는 또 다른 탁월한 학습법이 하나 있다고 말한다. 그리고 이 학습법이 따라-하기보다 더 빠르고 확실하게 학습을 향상할 수 있다고 한다. '이해를 수반하는 학습'이 그것이다.

그렇다면 은유적 표현에 관한 이해를 수반하는 학습법에는 무엇이 있을까? 분야에 따라 다양한 방법이 있겠지만, 이 책에서는 '분석-하기'로 정했다. 그리고 이것을 '사고를 통한 학습'이라고도 부르고 싶다. 따라-하기의 핵심이 반복이라면 분석-하기의 본질은 이해다. 이제 분석-하기에 관해 설명할 차례다. 그것이 반복을 수행하는 따라-하기보다 왜, 그리고 어떻게 더 빠른 학습 효과를 기대할 수 있는지 말이다.

기계적인 학습 vs 의식적인 학습

은유를 인지언어학자들처럼 "어떤 하나의 정신적 영역을 다른 정신적 영역에 의해 개념화하는 방식"이라고 규정한다면, 우리가 사는 세계는 우리의 정신이 은유로 그려낸 한 폭의 풍경화라고 할 수 있다. 레이코프와 존슨은 《삶으로서의 은유》에서 이 말을 다음과 같이 설명했다.

은유적 사고는 우리의 정신적 삶에서 의식적이든 무의식적이든 정상적이며 편재적이다. 시에서 사용되는 은유적 사고라는 동일한 기제가 일상적인 개념, 즉 시간, 사건, 인과관계, 정서, 윤리학, 사업 등에서도 마찬가지로 나타난다. 개념적 은유는 심지어 컴퓨터 인터페이스를 구축(예: 데스크톱 은유)하는 데에도, 또 인터넷을 '정보고속도로', '백화점', '채팅방', '옥션 가게', '놀이공원' 등으로 구조화하는 데에도 그 배후에 자리 잡고 있다.[29]

바로 여기에 우리가 짚고 넘어가야 할 문제가 하나 도사리고 있다. 시나 소설에 사용된 은유처럼 학교에서 수사법 가운데 하나로 교육하는 것은 매우 특수한 경우라는 사실이 그것이다. 그 밖의 각종 예술과 학문 그리고 일상생활 전반에서 은유가 어떻게 개념화되어 표현되었는지, 다시 말해 어떤 것이 은유적 표현이며, 그 안에 담긴 은유적 사고가 무엇인지를 우리는 거의 의식하지 못하고 지나친다.

우리는 레이코프와 존슨이 예로 든 '정보고속도로', '채팅방'과 같이 자주 사용하는 일상용어는 물론이거니와 언론 매체에 자주 실리는 '세금폭탄' 또는 '테러와의 전쟁' 같은 정치인들의 말들을 통해서도 끊임없이 은유적 표현을 접한다. 또한 〈사랑은 눈물의 씨앗〉이나 〈남자는 배, 여자는 항구〉, 〈여자의 마음〉부터 악동뮤지션의 〈매력 있어〉나 방탄소년단의 〈DNA〉에 이르기까지 자주 듣는 노래의 제목과 가사에서도 마찬가지다.

어디 그뿐인가. 교통표지판, 지하철노선도, 일기예보도와 같이 일상에서 접하는 인포그래픽은 물론이거니와 우리가 노상 접하는 회화, 조각, 건축, 음악, 무용과 같은 예술작품 대부분에서도 부단히 은유적 표현들을 마주한다. 하지만 우리는 그 안에 들어 있는 은유적 사고를 분석해 알아내기는커녕 그것들이 은유적 표현인지조차 인식하지 못하고 지나치는 경우가 대부분이다. 이 때문에 우리의 은유적 사고력과 그것이 동반하는 설득력과 창의력이 향상되지 않는 것이다.

이 말은 우리의 모든 학습에는 의식적인 훈련이 반드시 요구된다는 것을 의미한다. 《1만 시간의 재발견》의 저자인 스웨덴 태생의 심리학자 안데르스 에릭슨Anders Ericsson이 30여 년에 걸친 과학적 연구를 통해 이에 대한 구체적이고 이론적인 근거를 제공했다. 그는 우선 단순하고 기계적인 학습naive practice과 신중하게 설계되고 계획된 학습deliberate practice, 즉 의식적인 연습을 구별한다. 그리고 이러한 훈련 방법의 차이가 비범한 사람과 평범한 사람의 격차를 가져온다고 주장한다.

'의식적인 연습'으로 뇌에서 정확히 무엇이 바뀌는가? 바로 심적 표상이다. 전문가와 비전문가를 구분 짓는 핵심은, 전문가는 다년간의 연습으로 뇌의 신경조직망이 바뀌어 고도의 전문화된 심적 표상을 만들 수 있고, 이런 심적 표상 덕분에 놀라운 기억력, 패턴인식 능력, 문제 해결 능력, 이외에 각자의 전문 분야에서 최고가 되기 위해 필요한 고도의 능력을 발휘할 수 있다는 점이다.[30]

우리의 은유 학습도 다를 것이 없다. 그래서 우리의 훈련은 반복을 통해 은유적 사고를 기계적으로 훈련하는 따라-하기에 이어, 이해를 통해 의식적으로 훈련하는 분석-하기로 향한다.

이 시리즈 2권과 3권에서 우리는 앞서 소개한 제3의 패턴, 곧 '본질→형상화→창의'로 이어지는 은유 패턴을 이용해 시와 노랫말은 물론이거니와 제반 학문과 각종 예술 그리고 종교, 정치 등 각 분야의 다양한 은유적 표현들을 분석해 그 안에 담긴 은유적 사고를 추적하는 의식적 훈련을 할 것이다. 이 과정 전체가 이 책에서 말하는 분석-하기인데, 훈련의 소득은 은유적 사고력을 '빠르고 확실하게' 향상시켜 당신이 필요로 하는 또는 당신이 원하는 분야에서 활용할 수 있다는 데에 있다.

귀납적 학습 vs 연역적 학습

2016년 3월, 이세돌 9단을 이긴 알파고 리를 설계했던 딥마인드는 2017년 10월에는 알파고 제로AlphaGo Zero라는 새로운 버전의 바둑 프로그램을 선보였다. 알파고 제로는 학습을 시작한 지 72시간 만에 알파고 리를 100대 0으로 완파했다. 깜짝 놀랄 만한

알파고 시리즈의 성능 비교

이름	공개 시점	전적	엘로 (ELO)	학습법	하드웨어
알파고 판	2015년 10월	판후이 2단에게 5-0 승리	3144	딥러닝, 강화학습	GPU 176개 TPU 4개
알파고 리	2016년 3월	이세돌 9단에게 4-1 승리	3739	딥러닝, 강화학습	GPU 176개 TPU 4개
알파고 마스터	2017년 5월	커제 9단에게 3-0 승리	4858	딥러닝, 강화학습	TPU 4개
알파고 제로	2017년 10월	알파고 리에 100-0, 알파고 마스터에 89-11 승리	5185	강화학습	TPU 4개

자료: 네이처
엘로(ELO)는 바둑 실력을 수치화한 점수로 클수록 고수. GPU와 TPU는 각각 그래픽 연산 전용 프로세서와 인공지능용 칩을 말함.

사건인데, 승리의 비결은 학습 방법의 차이에 있었다.

알파고 리는 이른바 딥러닝이라는 방법을 통해 인간 프로 바둑기사들의 기보棋譜를 수십만 건 학습하며 실력을 쌓았다. 그러나 알파고 제로는 기보 없이 기본적인 바둑 규칙만 습득한 후 혼자 경기를 해보면서 진화하는 강화학습reinforcement learning을 했다. 이름에 '제로Zero'가 붙은 것이 그래서다.

그게 뭐 대수냐 싶지만, 아니다. 프로 기사들도 효율적이지 못한 수를 두거나 실수를 한다. 딥러닝을 통해 학습하는 알파고 리도 마찬가지다. 그러나 알파고 제로는 기보를 통해 배우지 않기 때문에 당연히 프로 기사들이 하는 실수나 나쁜 습관을 학습하지 않는다. 또 알파고 리는 반도체 칩 그래픽 프로세스 유닛GPU 176개와 텐서 프로세싱 유닛TPU 4개로 가동했지만 알파고 제로는 텐서 프로세싱 유닛 4개만으로 작동한다. 빅데이터를 사용한 딥러닝을 하지 않기 때문에 학습과 작동이 그만큼 간단한 것이다.

그런데 알파고의 진화는 그게 끝이 아니었다. 구글 딥마인드의 최고경영자 데미스 허사비스Demis Hassabis를 비롯한 13명의 연구자가 2018년 12월 7일 자 〈사이언스〉 지에 「자가학습을 통해 체스, 쇼기(일본 장기), 바둑을 마스터할 수 있는 범용 강화학습 알고리즘」을 발표하면서 보다 향상된 새로운 알파 제로Alpha Zero의 등장을 알렸다. 자가학습은 '게임 규칙'만 가르쳐주면 인간이 데이터를 입력해줄 필요 없이 자체적으로 학습한다는 의미로, 기존의 알파고 제로가 이미 획득한 능력이다. 하지만 범용 강화학습은 아니었다. 반면 알파 제로는 하나의 알고리즘으로 다양한 환경에서, 다시 말해 바둑뿐 아니라 체스와 쇼기에서도 새로운 지식을 만들어내는 능력이 있는 것이다.

요컨대 새 버전의 알파 제로는 활동 범위를 바둑뿐 아니라 쇼기와 체스까지 넓힌 프로그램이다. 놀라운 것은 이 범용 프로그램이 겨우 몇 시간 동안 훈련한 다음 쇼기, 체스, 바둑 세계 챔피언 프로그램을 모두 꺾었다는 데에 있다. 2016년 쇼기 대회에서 우승한 인공지능 엘모Elmo는 2시간 만에, 2017년 세계 체스 챔피언에 오른 스톡피시Stockfish는 4시간 만에 따라잡았다. 바둑에서 자신의 모델이었던 알파고 제로를 이기는 데에는 단 30시간만 필요했다.

여기서 우리가 주목하고자 하는 것은 알파고 제로와 알파 제로는 자가학습self-paced learning으로 작동할 수 있다는 것이다. 물론 조건이 있다. 인간이 게임 규칙을 단순명료하게 만들어 넣어주어야 한다. 알파고 리와 달리 알파고 제로와 알파 제로에는 경험을 통해 배우는 딥러닝 과정이 없기 때문에, 기본 규칙마저 주어지지 않으면 작동할 수 없다. 이 점에서는 두 인공지능 프로그램이 다를 바 없다.

갑자기 알파고 이야기를 꺼낸 데에는 이유가 있다. 경험을 통해 배우는 귀납적 학습inductive learning과 규칙을 통해 배우는 연역적 학습deductive learning의 차이를 이야기하기 위해서다. 앞에서 소개한 따라-하기, 곧 낭송·암송·필사·모사·모창 등은 알파고 리가 했던 것같이 경험을 통해 배우는 귀납적 학습법이라 할 수 있다. 분석-하기는 알파고 제로와 알파 제로가 했던 것같이 규칙을 통해 배우는 연역적 학습법이다. 그리고 은유 패턴이 바로 규칙이다. 그렇다면 알파고 제로와 알파 제로의 사례를 보더라도 귀납적 학습인 따라-하기보다 연역적 학습인 분석-하기가 더 효율적이라는 결론에 도달한다.

인간의 뇌는 알파고 리도 아니지만, 알파고 제로나 알파 제로 와도 다르다. 우리의 뇌는 경험과 규칙, 둘 모두를 통해 배우기 때문에 마치 알파고 리와 알파 제로를 합쳐놓은 것처럼 작동한 다. 그래서 앞서 제시한 '학습의 왕도 화살표'가 가리키듯이, 우 리의 뇌는 귀납적 학습과 연역적 학습, 따라-하기와 분석-하기 가 순환적이고 반복적으로 행해질 때 더 나은 학습 효과를 발휘 한다. 그러나 그것이 끝이 아니다. 역시 '학습의 왕도 화살표'에 서 보듯이, 우리의 뇌는 여기에 실용을 수반하는 실습-하기가 더해질 때 최상의 학습 효과를 노릴 수 있다.

11. 실습-하기 ― 실용

우리가 하는 은유적 사고 훈련의 최종 목표는 당신의 은유적 사고력을 기르는 데에 있다. 그럼으로써 적어도 당신이 종사하거나 관심 있는 분야에서 당신을 설득력 강하고 창의력 높은 인재가 되게끔 하는 것이다. 그러나 그 분야가 무엇인가 하는 것은 당신이 누구이고 어떤 사람인가에 따라 달라질 것이다.

만일 당신이 시나 노랫말에 관심 있는 사람이라면 이 책에서 기른 은유적 사고력을 시나 노랫말을 이해하거나 또 스스로 짓는 데에 사용하려 할 것이다. 그러나 만일 회화에 흥미가 있다면 작품을 감상하고 제작하는 데에 사용할 수 있을 것이다. 만일 학업이나 학문에 매진하는 사람이라면 자신의 분과 학문에서 뛰어난 이론 안에 담긴 다양한 은유적 사고를 간파하거나 스스로 창의적 표현과 사고를 구사하는 데에 사용하고자 할 것이다.

그러나 이 같은 의미의 실용은 당신 스스로 해야 할 일이다. 이 책에서 우리가 함께 훈련하는 실습-하기는 그런 의미에서의 실용이 아니다. 당신도 이미 눈치챘을지 모르지만, 우리가 말하는 실습-하기는 앞에서 소개한 따라-하기와 분석-하기를—마치 학생이 시험을 보듯이, 피아니스트가 연주회를 하듯이, 운동선수가 경기하듯이—당신 스스로 직접 실행해보는 것을 말한다. 그리고 그 목적은 당연히 당신의 은유적 사고력을 기르는 데에 있다.

이 책에 이어지는 시리즈 2권 《은유가 만드는 삶》과 3권 《은유가 바꾸는 세상》에서 우리는 각 분야마다 스스로 사례를 분석하게끔 과제를 제시하고, 또 당신과 함께 그 과제를 해결하는 실습을 할 것이다. 앞에서 뢰디거 교수의 실험을 통해 이미 보았듯이, 반복과 이해도 중요하지만 그것에 실습이 더해질 때 학습이 최상의 효과를 나타내기 때문이다. 관건은 훈련 방법인데, 우리는 '빈칸-채우기'라는 방식으로 훈련해나가려고 한다.

빈칸-채우기

빈칸-채우기가 뭐냐고? 우리가 앞에서 정리한 은유 도식에는 〈도식 20〉에서 보듯이 네 가지 요소가 있다. 원관념, 원관념의 본질, 보조관념, 창의가 그것이다. 빈칸-채우기는 이 은유 도식의 각 요소 전부 또는 일부를 빈칸으로 만들어놓고 그것을 당신이 차례로 채워가는 훈련을 말한다.

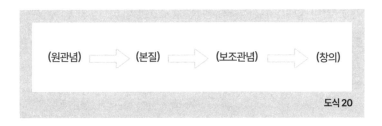

도식 20

우선 위의 〈도식 20〉을 보자! 이 도식에 표기된 네 가지 요소가 모두 비어 있는 경우, 곧 ( )→( )→( )→( )과 같은 경우를 편의상 '모든 빈칸-채우기' 도식이라 하자. '은유로 시를 짓는다'라는 것은 사실상 이 네 개의 빈칸을 차례로 채워나간다는 뜻이다.

그러나 '은유로 시를 분석한다'라는 것은 은유적 사고를 구성하는 네 요소 가운데 은닉된 요소만 찾아 채운다는 의미다. 그렇기 때문에 그중에는 네 요소 모두가 은닉되어 있어 '모든 빈칸-채우기'를 해야 하는 예도 있지만, 보통의 경우에는 적어도 그중 하나는 시 안에 드러나 있어 두 개 또는 세 개의 빈칸을 채우면 된다. 과연 그런지, 예를 들어 살펴보자.

〈도식 21〉은 앞에서 예로 든 셰익스피어의 "시간은 파발마"라는 은유적 표현의 네 요소를 은유 도식에 맞춰 표기한 것이다. 이 도식에는 '시간'이라는 원관념과 '파발마'라는 보조관념이 이미 드러나 있고, 원관념의 '본질'과 보조관념의 '창의'만 빈칸으로 남아 있다.

시간 ⇒ ( ) ⇒ 파발마 ⇒ ( )

도식 21

따라서 당신은 원관념의 본질과 보조관념에서 이끌어낸 창의를 찾아 두 빈칸을 차례로 채우면 된다. 바로 이것이 당신이 이 시리즈의 2권과 3권에서 훈련할 빈칸-채우기다.

미리 말해둘 것이 있다. 〈도식 21〉처럼 원관념과 보조관념이 이미 드러나 있는 유형은 지금까지 예를 통해 자주 만나왔고 또 앞으로 자주 접하게 될 은유적 표현의 '표준 유형'이다. '내 마음은 호수', '아킬레우스는 사자', '시간은 돈', '자연은 사원' 등이 모두 이 유형에 속한다. 이 시리즈의 2권과 3권에서도 우리는 이같은 유형의 은유적 표현―그것이 시든, 노랫말이든, 정치 슬로건이든, 학술용어든 아니면 예술작품이든―을 만날 때마다 같은 유형의 빈칸-채우기 훈련을 반복해서 하게 될 것이다. 그럼으로써 당신의 은유적 사고력이 점차 자라날 것이다.

빈칸-채우기의 네 가지 유형

당신이 만나게 될 은유적 표현에는 표준 유형만 있는 것이 아니다. 앞으로 자주 등장할 유형을 열거하자면 다음페이지 〈도식 22〉에서 보듯이 (a), (b), (c), (d) 네 가지다.

(a)는 원관념과 보조관념이 드러나 있는 표준 유형이고, (b)는 원관념과 원관념의 본질만, (c)는 원관념만, (d)는 보조관념만 드러나 있는 경우다. 이들 유형의 도식이 무엇을 뜻하는지를 조금 더 자세히 설명하자면 다음과 같다.

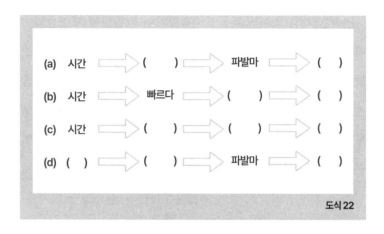

도식 22

1) 우리는 표준 유형 (a)를 충분히 보아왔고 그것을 분석해 도식을 만드는 방법도 이미 여러 번 경험해서 알고 있다. 하지만 되새기는 의미에서 정리하자면, 원관념의 본질이 들어가야 할 첫 번째 빈칸은 원관념(시간)과 보조관념(파발마) 사이의 유사성 (예: 빠르다)을 찾아 채워야 한다. 그리고 창의가 들어갈 두 번째 칸에는 보조관념인 파발마에서 이끌어낸 새로운 생각(예: 소식을 전한다)으로 채워야 한다. 이것이 우리가 은유적 표현을 만날 때마다 하는 통상적인 분석작업이다.

2) 유형(b)를 보자. 원관념이 시간이고 그것의 본질이 이미 '빠르다'로 정해져 있다. 따라서 보조관념과 창의가 들어갈 빈칸을 채워야 하는데, 당신은 '빠르다'라는 시간의 본질을 예컨대

'화살'로 형상화할 수 있다. 활시위를 떠난 화살은 파발마보다도 빠르기 때문이다. 그러면 당신은 '시간은 화살이다'라는 은유적 표현을 얻을 것이고, 그것에서 '정신 바싹 차려라', '허송세월하지 마라'와 같은 창의를 자연스레 이끌어낼 수 있을 것이다. "세월이 쏜살같다"라는 옛사람의 말이 이 같은 은유적 사고의 산물이다.

3) 이번에는 유형(c)를 보자. 원관념만 주어져 있을 뿐, 원관념의 본질, 보조관념, 창의로 이어지는 은유 도식의 나머지 세 단계가 모두 비어 있다. 이 경우 당신은 원관념인 '시간'의 본질이 무엇인지, 다시 말해 '시간'이라는 원관념을 통해 당신이 전하려는 내용이 무엇인지를 먼저 정하고, 그 본질을 형상화한 이미지를 보조관념으로 선정하고, 그 보조관념과 원관념의 비유사성에서 창의를 이끌어내야 한다. 이것이 도식(c)와 함께 당신이 해야 할 실습인데, 사실상 은유적 표현을 만들려는 사람이 매번 해야 하는 작업이다.

예를 들어, 만일 당신이 원관념인 시간의 본질을 '빠르다'가 아니고 '흐른다'로 정한다면, 그것으로 첫 번째 빈칸을 채워 넣는 것이다. 그리고 그것을 형상화한 '강물'이라는 보조관념으로 두 번째 빈칸을 채울 수 있을 것이다. 그럼으로써 당신은 '시간은 강물이다'라는 은유적 표현을 얻을 것이고, 그것으로부터 '되돌릴 수 없다'나 '허무하다'라는 새로운 생각을 이끌어내 세 번째 빈칸을 메울 수 있다. "세월이 유수流水와 같다"라는 옛말이 그렇게 나온 것인데, 알고 보면 우리가 자주 사용하는 격언이나 속담 중에는 이 같은 은유적 사고의 산물이 숱하다.

4) 다음은 보조관념만 드러나 있는 (d)유형인데, 얼핏 보기에는 매우 생소하고 특이하다. 그래서 보조관념만 드러난 은유적 표현이 어디 있느냐 싶을 수도 있다. 그러나 아니다. 당신은 이런 표현물을 매일 접하고 있다. 그것이 뭐냐고? 교통표지판, 지하철노선도, 일기예보도, 다이어그램 같은 인포그래픽은 물론이거니와 회화, 조각, 음악, 무용 같은 예술작품이 바로 제작자가 전하고자 하는 또는 작가가 표현하고자 하는 원관념의 본질을 형상화한 보조관념이다.

이 말이 당신의 고개를 갸우뚱하게 할 수도 있지만, 보조관념의 영어 표현이 본디 '매개물', '전달 수단 내지 방법'을 뜻하는 'vehicle'이라는 것을 알면, 인포그래픽이나 예술작품이 보조관념이라는 것이 쉽게 이해될 것이다. 따지고 보면 인포그래픽과 예술작품이야말로 제작자 또는 작가가 각각 표현하고자 하는 내용을 형상화한 이미지를 통해 전달하는 은유적 매개물 또는 전달 수단이기 때문이다.

　당신은 이 말에 주목할 필요가 있다. 왜냐하면 이 말은 우리가 ―설령 그것을 의식하지 못하더라도―인포그래픽과 예술작품을 대할 때마다 사실인즉 (d)유형의 도식 앞에 서게 된다는 것을 뜻하기 때문이다. 그리고 자신도 모르게 그 도식에서 빈칸들을 찾아 채우는 일을 하게 된다. 다시 말해 이 인포그래픽이나 예술작품이 무엇을 형상화한 것인가, 즉 제작자나 작가가 이것을 통해 무엇을 전하고자 하는가, 또 이것에서 우리는 어떤 생각을 이끌어낼 수 있는가를 알아내야 한다. 이런 작업을 보통 분석 또는 해석이라고 하는데, 이 점에서 보면 인포그래픽과 예술작품은 서로 다른 처지에 놓여 있다. 왜, 그리고 어떻게 다르냐고? 이제 알아보자.

빈칸-채우기로 예술작품 감상하기

교통표지판, 지하철노선도, 일기예보도 같은 인포그래픽은 특별한 경우가 아니면 그것이 무엇을 형상화했는가 하는 분석이나 그것에서 우리가 무엇을 이끌어낼 수 있는가 하는 해석을 굳이 할 필요가 없다. 왜냐하면 그것들은 대부분 우리 실생활을 돕는 정보를 제공하기 위해 만들어져 특별한 분석이나 해석 없이도 즉각 파악할 수 있기 때문이다. 예컨대 당신이 지하철노선도를 보면 그것이 무엇을 형상화했는지, 또 그것에서 이끌어낼 정보가 무엇인지를 즉각 알 수 있다.

그러나 회화, 조각, 음악, 무용과 같은 예술작품은 다르다. 그것들은 미적 표현을 위해 제작되었기 때문이다. 그래서 우리는 그 같은 예술작품에서는 작가가 표현하려고 한 내용과 그것의 본질이 무엇인지를 분석하고, 또 그것에서 이끌어낼 수 있는 것이 무엇인지 해석해야 한다. 바로 이 분석과 해석 작업이 우리가 (d)유형 도식에서 빈칸을 채워나가는 작업이다. 조금 더 자세히 말하자면, 모든 작품의 원관념은 작가가 창작하고자 하는 주제 또는 대상이다. 그것의 본질이 원관념의 본질이고, 그것을 형상화한 것이 작품이다. 그리고 작품이 당신에게 던진 메시지, 또는 당신이 스스로 이끌어낸 해석이 곧 창의다.

혹시 이게 무슨 소리인지 여전히 아리송하다면, 가령 당신이 어느 전람회에 가서 앞에서 예로 들었던 루블료프의 〈삼위일체〉 성화상을 감상하게 되었다고 하자. 그리고 이 작품에 대해 심층적으로 이해하고 싶다는 생각을 했다고 가정해보자. 그러면 당신은 자의 반 타의 반 루블료프의 성화상이 보조관념으로

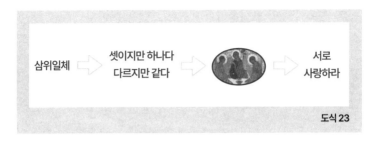

설정된, ( )→( )→〈삼위일체〉 성화상→( )라는 (d)유형의 은
유 도식 앞에 서게 된 것이다.

그래서 당신은 루블료프가 성화상으로 표현하려고 한 주제가
무엇인지, 그것의 본질인 원관념이 무엇인지를 알아내려 할 것
이며, 그 작품에서 무엇을 이끌어낼 수 있는지, 달리 말해 작품
이 던지는 메시지가 무엇인지도 생각해볼 것이다. 그리고 팸플
릿이나 도록의 정보도 들여다볼 것이다. 그런 뒤 빈칸-채우기를
한다면, 그것은 당연히 〈도식 23〉과 같을 것이다.

〈도식 23〉은 루블료프가 〈삼위일체〉 성화상을 제작할 때 했던
은유적 사고를 도식화한 것이다. 당신은 아마 별로 큰 어려움 없
이 이 도식에 있는 빈칸들을 채울 수 있었으리라 믿는다. 왜냐하
면 우리가 이미 앞에서 이 성화상에 담긴 은유적 사고를 함께 추
적해 도식화해보았기 때문이다. 단지 〈도식 16〉의 도식은 A형식

으로 〈도식 23〉의 도식은 B형식으로 그렸을 뿐이다.

만일 당신이 전람회에서든 박물관에서든 음악회에서든 여타 공연장에서든 예술작품을 대할 때마다 이 같은 훈련을 한다면 그때마다 은유적 사고력이 자라날 것이며, 삶이 풍요로워질 것이다. 우리는 시리즈의 2권 5부 '예술과 은유—은유로 예술하기'에서 몇몇 대표적 작품과 문예사조를 대상으로 이 같은 훈련을 체계적이고 집중적으로 해볼 것이다.

정리하자. (a)유형의 빈칸-채우기는 이미 만들어진 은유적 표현을 분석하는 실습 훈련이고, (b)유형의 빈칸-채우기는 보조관념과 창의를 떠올리는 실습이며, (c)유형의 빈칸-채우기는 스스로 은유적 표현을 만드는 실습이고, (d)유형의 빈칸-채우기는 주로 예술작품을 분석하고 해석하는 실습 훈련인 셈이다. 이후 2권과 3권에서 이 같은 실습 훈련을 집중적으로 그리고 반복적으로 실행할 텐데, 이러한 훈련을 통해 당신은 은유를 자유자재로 구사하게 될 것이다.

12. 은유를 만드는 세 가지 묘책

우리가 시리즈 2권 《은유가 만드는 삶》과 3권 《은유가 바꾸는 세상》에서 함께 할 빈칸-채우기 실습이 항상 쉬운 것은 아니다. 우리는 시, 노랫말, 인문학, 사회과학, 자연과학, 그리고 정치와 예술 등 각 분야에서 다양하고 탁월한 사례를 통해 훈련하겠지만, 막상 해보면 원관념의 본질을 정하는 일, 그것을 형상화한 보조관념을 찾는 일, 보조관념에서 창의를 이끌어내는 일 하나하나가 막연하고 어려울 때가 많다. 그중에서도 보조관념을 떠올리는 일이 가장 막막할 수 있다.

그래서 지금까지 해왔던 설명을 정리해서 세 가지 묘책과 그에 따른 몇 가지 요령을 소개하려고 한다. 첫 번째로는 '보조관념을 떠올리는 법'을, 두 번째로는 '관찰력을 기르는 법'을, 세 번째로는 '부대주머니 훈련법'을 볼 것이다. 이 묘책들을 차례로 살펴보자.

묘책 1: 보조관념을 떠올리는 법

은유 창작의 성패는 보조관념의 창의성에 의해 좌우된다. 창의적인 보조관념을 떠올리는 원칙은 '원관념을 다른 새로운 정신적 영역에 의해 개념화하라'다. 즉, 보조관념을 원관념과 다른 정신 영역에서 가져오라는 것인데, 제안하고자 하는 요령은 다음 세 가지다. 1)원관념을 의인화하거나 의비인화擬非人化하라. 2)이미지가 선명한 보조관념을 선택하라. 3)오감을 치환하라.

  1) 원관념을 의인화하거나 의비인화하라. '불이 춤춘다', '바람이 운다'처럼 인간이 아닌 원관념(동식물, 사물, 자연현상)을 인간처럼 개념화해 표현하는 것이 의인화擬人化, anthromorphization다. 역으로 '아킬레우스는 사자다', '나(슐기왕)는 길 떠난 기품 있는 당나귀다'처럼 인간을 인간이 아닌 것(동식물, 사물, 자연현상)처럼 개념화해 표현하는 것이 의비인화擬非人化다. 이 말은 의인화의 보조관념은 언제나 인간이고, 의비인화의 보조관념은 항상 동식물,

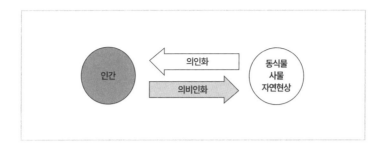

사물, 자연현상과 같은 비인간이라는 것을 뜻한다. 따라서 의비인화에는 '의동식물화', '의사물화', '의자연화' 등이 포함되어 있다. 의인화와 의비인화, 이 둘은 가장 원초적인 은유적 사고다.

앞에서 스핑크스와 라마수 석상에 들어 있는 은유적 사고를 설명하면서 잠시 언급했지만, 의인화와 의비인화라는 은유적 사고는 물활론의 소산이다. 물활론이란 세상의 모든 것에 생명이나 의식, 감정이 있다는 사고방식으로 고대 인류와 아동들*에게서 나타난다.

고대인들은 '바위, 나무와 같은 사물이나 비, 바람과 같은 자연

---

* 피아제는 인간의 인지발달이 감각운동기(0~2세), 전조작기(2~7세), 구체적 조작기(7~11세), 형식적 조작기(11세 이후)라는 네 단계를 거쳐 이뤄진다고 주장했다. 감각운동기는 감각으로 인지하는 단계이고, 전조작기는 상징적 표현을 사용하고 물활론적 사고를 하는 단계이며, 구체적 조작기는 존재하는 것들을 위계적으로 서열화하는 범주화를 할 수 있는 단계이고, 형식적 조작기는 논리적 추론, 추상적 사고가 가능한 단계다.

현상에도 영혼이 있고, 그러므로 그것들이 살아 있다'라고 생각하는 물활론적 사고를 했다. 그래서 그것들을 의인화하거나 의비인화했다. 물활론적 사고는 또한 스위스의 아동심리학자 장 피아제Jean Piaget, 1896~1980가 말하는 전조작기(2~7세) 아동의 특징 가운데 하나이기도 하다. 특히 4~6세 아동들에게서 현저하게 나타나는데, 이를테면 이 시기 아동이 가지고 노는 인형에게 "배고파? 밥 먹자!"나 "춥지? 옷 입혀줄게"와 같은 말을 거는 것이 그래서다.

요컨대 의인화와 의비인화는 인류에게나 개인에게나 맨 먼저 나타난 은유적 사고다. 이들의 공통점은 1)은유로 표현되는 보편적 사고형태라는 것, 2)인간과 사물 그리고 자연의 존재를 구분하지 않는다는 의미에서 사고의 존재론적 확장이라는 것, 3) 우리 자신의 동기, 목적, 행동, 특성에 근거해서 세계의 현상을 이해하게 해준다는 것, 4)그럼으로써 창의와 설득을 이끌어낸다는 것이다.[31]

오래되었지만 매우 유용한 사유방법이라는 뜻이다. 그만큼 '낡았다'라는 것이 아니라 그만큼 '오래도록 쓸모 있었다'라는 뜻이다. 과연 그런지 몇 가지 예를 살펴보자. 다음은 앞에서 이미 소개한 파블로 네루다의 〈엉겅퀴에 바치는 송가〉라는 시의 일부다. 네루다는 식자재로 사용하는 식물들을 의인화하여 시를 지었다.

밑바닥 흙에서는 / 붉은 콧수염의 / 당근이 잠을 잤고 / (······) / 양배추는 / 오로지 스커트를 입어보는 일에만 / 마음을 썼고 / 박하는 세상에 향기를 뿌리는 일에 열중했다.

어떤가? 네루다의 의인화 솜씨가. 매우 뛰어나지만 구사하기 그리 어려워 보이지 않는다. 의인화와 의비인화는 순진한 어린 아이의 눈으로 대상을 보고 해맑은 어린아이의 언어로 말하는 표현방식이다. 그러니 훈련하자! 당신도 할 수 있다. 다른 예를 하나 더 보자!

이 집 이름을 책임진 칼국수는 머리를 곱게 빗은 채 상 위에 올라온다. 부글부글 힘이 끓는 국물에 얌전한 면발이 들어앉아 있다. 그 둘은 서로를 꽉 껴안은 듯 따로 놀지 않는다.

사기 대접에 담긴 육개장은 그 모양새가 당당하다. 논밭에서 일하는 일꾼이 아니라 칼의 온기가 채 식지 않은 장군이 먹어야 할 것 같은 기운이 뿜어져 나온다. 속에 담긴 건더기의 면모에도 겸손함이 없다.

이 글은 '글 쓰는 요리사'로 잘 알려진 정동현 셰프가 어느 일간신문에 어느 칼국숫집과 육개장집을 소개하는 글들 가운데 한 토막이다.

어떤가? "머리를 곱게 빗은" 면발이 "힘이 끓는 국물에" 얌전히 "들어앉아 있다"라니! "그 둘은 서로를 꽉 껴안은 듯 따로 놀지 않는다"라니! "육개장은 그 모양새가 당당하다"나 "건더기의 면모에도 겸손함이 없다"는 또 어떤가? 정겹고 아름다운 글이 아닌가? 그런데 어떤 특별한 미사여구가 쓰인 것이 아니다. 단지 의인화, 수사법으로 치자면 의인법 내지 활유법*을 사용했을 뿐이다. 그런데도 글이 살아 움직이지 않는가!

보조관념을 원관념과 다른 정신 영역에서 가져온다는 점에서 의인화와 의비인화는 모두 은유다. 전업 시인들도 이 같은 은유

---

* 활유법活喩法은 생명, 의식, 감정 등이 없는 대상을 그런 것들이 있는 것처럼 표현하는 수사법이다. 그 가운데 의인법擬人法이 포함되는데, 예를 들어 "애수는 백로처럼 날개를 펴다"(유치환, 〈깃발〉)는 활유법이고, "조국을 언제 떠났노 / 파초의 꿈은 가련하다"(김동명, 〈파초〉)는 의인법이다. 그러나 보통은 의인법과 활유법을 구별하지 않고 같은 개념으로 사용한다.

적 사고를 통해 시를 쓴다. 다만 그 같은 개념화 작업을 더 다양하고 과감하게 할 뿐이다. 시인들은 의인화 또는 의비인화뿐 아니라, 사물이 아닌 것을 사물로 개념화하는 '의사물화'와 자연현상이 아닌 것을 자연현상으로 개념화하는 '의자연화'도 활용한다. 당연히 그 역으로도 개념화한다. 과연 그런지, 예를 들어 살펴보자.

날이 저문다. / 먼 곳에서 빈 뜰이 넘어진다. / 무한천공無限天空 바람 겹겹이 / 사람은 혼자 펄럭이고 / 조금씩 파도치는 거리의 집들 / 끝까지 남아 있는 햇빛 하나가 / 어딜까 어딜까 도시都市를 끌고 간다.

- 강은교,〈自傳(자전)Ⅰ〉부분

강은교 시인의 시에서도 '넘어지는 뜰', '도시를 끌고 가는 햇빛'은 자연을 의인화한 것이다. 그리고 '펄럭이는 사람'은 인간을 깃발로 의사물화(또는 의비인화)한 것이고, '파도치는 집들'은 사물을 자연현상으로 '의자연화'한 것이다. 중요한 것은 어떻든 보조관념을 원관념과는 다르고 새로운 정신 영역에서 가져와 개념화한다는 것이다. 다른 예를 하나 더 보자.

하루가 천 근의 추를 달고 / 가라앉는다. // 빛발이 무수한 투석전投
石戰을 / 벌이는 바다. // 비에 쫓긴 오후 네 시의 태양은 / 어디쯤에
있을까 // 손 흔들며 흔들며 / 작별하는 바람 // 어제가 한 다발 꽃
으로 살아나는 / 생의 변방에 배는 닿았다.

— 홍윤숙, 〈변방에서〉 부분

홍윤숙 시인의 시에서 '투석전을 벌이는 바다', '비에 쫓기는
태양', '손 흔들며 작별하는 바람'은 자연현상을 의인화한 것이
고, '가라앉는 하루', '꽃으로 살아나는 어제'는 '하루'와 '어제'라
는 시간 개념을 의사물화한 것이다. 이처럼 시인들은 '가능한 한
자주 원관념을 다른 정신 영역에 의해 개념화함으로써' 창작한
다. 단순하지만 효과가 큰 기법이다. 그러니 만일 당신이—그것
이 무엇이든 자신의 분야에서—은유적 표현을 만들고자 한다면
의인화, 의비인화, 의사물화, 의자연화 같은 은유적 사고를 의식
적으로 그리고 자주 시도해보기 바란다. 단언컨대 기대 이상의
효과를 볼 것이다!

2) **이미지가 선명한 보조관념을 선정하라.** 반복하지만, 은유의
생명은 형상화된 이미지다. 특히 원관념이 추상적(마음, 시간, 자
연 등)인 경우, 또는 지각하기에 너무 크거나 너무 작은 대상(중

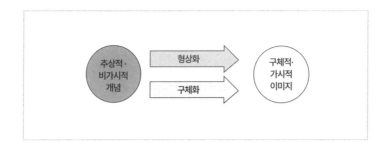

력장, 원자, DNA 등)인 경우에 반드시 떠올려야 할 말이다. 예컨대 '내 마음은 호수', '시간은 돈', '자연은 사원'은 원관념이 추상적인 경우이고, '중력장은 그물망', '원자 구조는 태양계', 'DNA 구조는 나선형 계단'은 원관념이 지각하기 너무 크거나 너무 작은 대상인 경우다.

우리는 시리즈 2권《은유가 만드는 삶》과 3권《은유가 바꾸는 세상》에서 이 같은 경우에 맞춰 은유적 표현을 만드는 훈련을 할 텐데, 이때에는 원관념을 구체적 이미지로 형상화하는 것이 원칙이자 필수 요건이다.

다시 한번 말하지만, 은유는 이미지 언어다! 따라서 은유의 성패는 보조관념으로 형상화 내지 구체화한 이미지가 좌우한다. 원관념의 본질을 선명한 보조관념으로 형상화·구체화하는 훈련을 위해서는 앞에서 이미 밝힌 대로 탁월한 시와 산문을 낭송 또는 암송하는 '따라-하기'와 그것들을 분석해 은유 패턴에 맞춰 도식화하는 '빈칸-채우기'를 통해 꾸준한 반복 훈련을 하는 것이 좋다. 우리는 이후 2권에서 이 훈련을 분야별로 집중해서 실행할 것이다.

하지만 3권에서 다룰 학문의 경우에는 다른 특별한 방법이 하나 더 있다. 미리 귀띔하자면 교과서, 전문서적, 잡지 또는 도감과 같은 책에 전문가들이 중요한 개념들을 형상화하거나 구체화해놓은 도식 또는 그림 이미지를 따라 그려보는 것이 좋다. 이 방법은 특히 자연과학에서 매우 좋은 효과를 나타내는데, 그 외에 '모형model 만들기'도 추천하고 싶다.

'따라 그리기'와 '모형 만들기'는 탁월한 과학자들도 지각할 수 없는 대상에 관한 연구를 진행할 때 자주 이용하는 방법이다. 대상의 구조와 역할을 이해하고 창의를 이끌어내게 하기 때문이다. 그뿐 아니다. 과학자가 아닌 우리가 '따라 그리기'와 '모형 만들기'를 해야 하는 이유는 하나 더 있다. 은유적 사고를 형상화하는 방법을 터득하는 데에 큰 도움이 되기 때문이다.

〈그림 5〉는 빅뱅 이후 급팽창해온 우주의 역사를 한눈에 보여준다. 만일 당신이 이 이미지를 따라 그려본다면, 적어도 과학서적의 한 단원을 차지하는 분량의 우주 인플레이션 이론이 당신

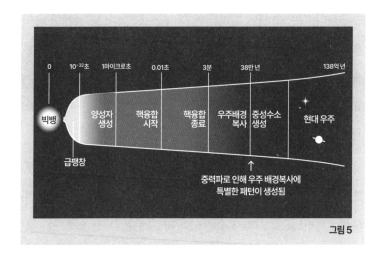

| 0 | 10^{-32}초 | 1마이크로초 | 0.01초 | 3분 | 38만 년 | 138억 년 |

빅뱅　급팽창　양성자 생성　핵융합 시작　핵융합 종료　우주배경 복사　중성수소 생성　현대 우주

↑
중력파로 인해 우주 배경복사에
특별한 패턴이 생성됨

그림 5

의 머리에 일목요연하게 정리될 것이다. 그리고 우리가 왜 〈뉴턴Newton〉과 같은 과학 잡지나 과학 교과서에 실려 있는 도표와 그림을 따라 그려보라고 권고하는지를 단번에 알게 될 것이다.

3) **오감을 치환하라.** 우리가 지금까지 보았던 것처럼 은유에 있어 형상화는 대부분 시각화를 통해 이루어진다. 일반적으로 오감 가운데 시각이 가장 강렬하기 때문이다. 그러나 옥스퍼드대학 통합감각연구소 소장 찰스 스펜스Charles Spens 교수의 《왜 맛있을까》에 의하면, 오감은 분리되어 있지 않고 서로 연결되어 상호작용한다. 단지 그중 시각의 영향력이 가장 클 뿐이다.

예컨대 사람들은 같은 생강 비스킷일지라도 표면이 매끈한 그릇보다 거친 접시에 담아내면 더 맵게 느낀다. 또 경쾌한 음악은 단맛을, 고음의 음악은 신맛을, 신나는 음악은 짠맛을, 부드러운 음악은 쓴맛을 더 잘 느끼게 한다. 감자칩을 씹을 때 나는 '바삭' 소리를 더 크게 내면 감자칩이 더 신선하고 고소하게 느껴진다. 각각 시각과 청각이 미각에 영향을 미치는 사례다.

미슐랭 스타 셰프들과 함께 오감 만족의 메뉴와 식당 환경을 조성하고, 유니레버, P&G, 네슬레, 하겐다즈, 스타벅스 등을 비롯한 〈포천Fortune〉 500대 요식업계에 자문을 하고 있는 스펜스 교수는 우리에게도 "자꾸 손이 가 원망스러운 간식은 빨간 그릇에 담아두세요. 빨간색에 대한 회피 본능이 있어 손이 덜 갈 겁니다"라고 조언하기도 한다.

책의 원제인 '가스트로피직스Gastrophysics'는 gastronomy(미식학)와 physics(물리학)의 합성어다. 우리말로는 '미식물리학'이라고 번역할 수 있는데, 스펜스 교수가 인지과학과 뇌과학, 심리학 그리고 디자인과 마케팅 분야를 융합해 창안한 새로운 학문 분야다. 미식물리학의 관점에서 보면, 벽화 속 폭포에서 나는 소리 때문에 잠을 못 이룬 중국 황제의 설화는 시각이 청각에 영향을 미친 사례이고, 비가 올 때 부침개가 먹고 싶어지는 것은 청각이 미각에 영향을 끼친 사례다. 비가 내리는 소리와 부침개를 부칠

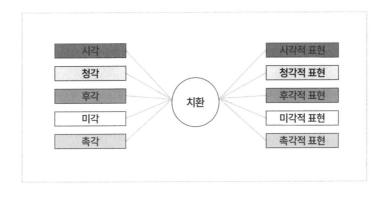

때 나는 소리가 비슷해서 생기는 연상이기 때문이다.

그렇다면 스텐스 교수의 작업은 우리가 오래전부터 이미 알고 있는 것을 최근 과학적으로 증명한 것에 불과하다고 할 수도 있지만, 은유적 표현을 만드는 데에는 매우 유용한 지식이다. 요령인즉, '오감을 치환해서 보조관념을 찾아라'이다.

예컨대 "분수처럼 흩어지는 푸른 종소리"(김광균)처럼 청각을 시각화하거나, "이것[깃발]은 소리 없는 아우성"(유치환)처럼 시각을 청각화하라는 뜻이다. 또 '달콤한 음악', '매운 손'처럼 어느 한 감각의 대상을 다른 감각의 대상으로 치환해 표현하는 것이 은유 창조의 비법 중 하나다. 잊지 말자! 은유적 표현 창조의 기본 원칙은 뭐? 답은 '원관념을 다른 정신 영역에 의해 개념화하는 것'이다. 자주 활용하길 바란다.

묘책 2: 관찰력을 기르는 법

당신은 혹시 은유적 사고도 관찰로부터 시작한다는 것을 아는가? 시인들이 예민한 관찰자라는 생각을 해본 적이 있는가? 과학자들이 대개 탁월한 관찰자라는 것을 아는가? 화가와 조각가 같은 조형미술가들이 집요한 관찰자라는 이야기를 들어본 적이 있는가? 그렇다. 무슨 일이든 창의적인 작업에는 관찰이 먼저다! 로버트와 미셸 루트번스타인R. & M. Root-Bernstein 부부는《생각의 탄생》에서 관찰의 중요성을 강조하며 다음과 같이 말했다.

모든 지식은 관찰로부터 시작한다. 우리는 세계를 정밀하게 관찰할 수 있어야 한다. 그래야만 행동의 패턴들을 구분해내고, 패턴들로부터 원리들을 추출해내고, 사물들이 가진 특징에서 유사성을 이끌어내고, 행위모형을 창출할 수 있으며, 효과적으로 혁신할 수 있다.[32]

은유적 사고도 관찰로부터 시작한다. 앞에서 여러 번 설명했듯이, 일찍이 아리스토텔레스는 《시학》에서 "은유에 능하다는 것은 서로 다른 사물들의 유사성homoiosis을 재빨리 간파할 수 있는 것"이라고 설파했다. 요컨대 은유는 관찰을 통해 원관념과 보조관념의 특성 사이의 유사성을 간파함으로써 만들어진다. 이것이 은유가 지닌 설득력의 원천이다. 예컨대 '시간은 민첩하고 교활한 파발마'라는 셰익스피어의 은유는 시간과 파발마 사이의 유사성(빠르다)을 알아챔으로써 만들어지지 않았는가.

또한 앞에서 언급했듯이, 아리스토텔레스는 은유를 "어떤 것에다 다른 낯선allotrios 어떤 것에 속하는 이름을 옮겨놓는 것"이라고 규정했다. 은유는 관찰을 통해 원관념과 보조관념의 특성들에서 비유사성을 파악함으로써 창의를 이끌어낸다. '시간은 민첩하고 교활한 파발마'라는 은유는 시간과 파발마 사이의 비유사성, 곧 시간에서는 도저히 이끌어낼 수 없는 '소문을 퍼뜨린다'라는 창의를 만들어내지 않는가. 이처럼 은유는 두 관념 사이의 유사성과 비유사성을 얼마나 잘 파악하는가에 좌우된다. 바로 이것이 우리가 관찰력을 길러야 하는 이유다.

왓슨의 '보기'와 홈스의 '관찰하기'

관찰이란 무엇일까? 관찰하기는 어떤 것을 그냥 보는 것을 말하는가? 그것이 아니라면, 관찰하기와 보기는 어떻게 다를까? 영국의 추리소설 작가 아서 코넌 도일Arthur Conan Doyle, 1859~1930이 《보헤미안 스캔들》에서 이에 대해 간단하지만, 매우 의미심장하게 답했다. 다음은 명탐정 홈스와 그의 조수 왓슨이 나누는 대화다.

"그것은 자네가 보기만 하고 관찰하지 않아서 그래. 그 차이는 분명하거든. 예를 들어 자네는 우리가 사는 집 입구에서 이 방까지 이어지는 계단을 수없이 봤지?"

"자주 봤지!"

"얼마나 자주 봤나?"

"수백 번은 될걸."

"그럼 계단이 몇 개지?"

"몇 개냐고? 모르겠는데."

"그거 봐! 자네는 관찰하지 않는다니까. 하지만 보지 않는 건 아니지. 그게 바로 내가 해주고 싶었던 이야기야. 난 계단이 열일곱 개라는 것을 알거든. 보기도 하지만 동시에 관찰도 하니까 아는 거야."

여기에서 홈스가 말하는 관찰이란 그냥 보는 것이 아니다. 그것은 시각적 이미지를 언어와 기호로 바꾸는 작업이다. 왓슨은 수백 번 계단을 오르내리면서도 그 작업을 하지 않았고, 홈스는 했기 때문에 계단이 열일곱 개라는 것을 안다. 홈스가 "그거 봐! 자네는 관찰하지 않는다니까. 하지만 보지 않는 건 아니지"라고 핀잔을 놓은 것이 그래서다.

우리는 앞서 7장 '이미지는 발이 빠르다'에서 생각이란 지각된 이미지를 언어와 기호로 바꾸는 작업이라는 것을 알았다. 그것은 우뇌와 좌뇌가 모두 참가하는 전뇌적인 작업인데, 우리의 뇌가 평상시에는 에너지를 아끼기 위해 이 작업을 하지 않고—마치 왓슨이 수백 번 계단을 오르내리면서도 보기만 했듯이—지각되는 이미지를 그저 받아들이는 '게으른 상태'를 유지한다는 것도 이야기했다. 왓슨과 우리가 보통 이런 뇌의 게으른 상태를 유지하고 있는 것이다.

루트번스타인 부부는 《생각의 탄생》의 첫 번째 생각도구로 제안한, '관찰'에서 수많은 예술가와 과학자의 사례와 증언을 소개했다. 그 가운데에는 전설적인 현대무용가 마사 그레이엄Martha Graham, 1894~1991이 '보는 것'과 '관찰'의 차이를 '움직이는 것'과 '동작'의 차이로 설명하는 다음과 같은 말이 실려 있다.

무용가는 지각능력과 기술적인 동작능력에서 모두 감각적으로 특별해야 한다. 그저 단순하게 이동하는 것과 계획이 세밀하게 짜여 있는 여행을 비교해보라. 그 차이는 헌터대학에서 42번가로 곧장 가는 사람과 브로드웨이를 걷고 있는 사람의 차이를 생각해보면 분명해진다. 한 사람은 주변에 뭐가 있는지 전혀 신경을 쓰지 않는다. 오로지 목적지에 도달하려는 생각밖에 없다. 그냥 한 장소에서 다른 장소로 이동하는 것뿐이다. 다른 한 사람은 눈을 크게 뜨고는 맑은 머리로 그가 지나치는 모든 것들을 관찰하고 느낀다. 그는 단순히 움직이는 것이 아니라 하나의 '동작'을 실행하고 있는 것이다.[33]

무용에서 '동작'이 단순한 움직임이 아니라, '의도되고 사고된 움직임'이듯이, 관찰도 단순한 봄이 아니라 '의도되고 사고된 봄'이라는 뜻이다. 다음 화살표 그림에서 보듯이, 관찰은 생각의 중추이자 핵심이다. 관찰이 지각된 이미지를 언어와 기호로 바꾸는 작업을 시작하고 수행한다. 루트번스타인 부부가 "'관찰'은 '생각'의 한 형태이고 생각은 관찰의 한 형태다. 결국 관찰 행위의 목적은 '감각적 경험'과 '지적 의식'을 가능한 한 가깝게 연결하는 데 있다"라고 주장한 것도 같은 맥락에서 이해할 수 있다.

그렇다면 우리의 관심은 당연히 어떻게 하면 우리와 우리의

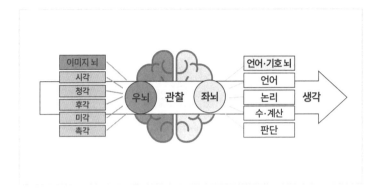

아이들이 왓슨이 아니라 홈스와 같은 관찰력을 기를 수 있을까 하는 것으로 쏠린다. 항간에는 다양한 해법이 이미 제시되어 있다. '의문을 가져라', '문제의식을 가져라', '사소한 것을 놓치지 마라', '호기심을 가져라' 등이 그것이다. 그런데 이런 권고는 막연하고 추상적이다. 게다가 너무 많아 지키기 어렵다. 이 책에서는 조금 다른 그러나 아주 특별한 훈련 방법 하나를 추천하려고 한다.

허먼의 관찰력 훈련법

미국의 변호사이자 미술사가인 에이미 허먼이 《우아한 관찰주의자》에서 제시한 훈련법이다. 허먼은 실제로 15년에 걸친 강연을 통해 FBI, 미 국무부, 법률회사, 도서관, 병원, 대학, 〈포천〉 500대 기업, 연예기획사, 노동조합, 교회 등 수십여 직종에 종사하는 사람들이 관찰력과 비판적 사고력을 기르고 연마하도록 도왔다. 또한 TED에서도 '지각의 기술The Art of Perception'이라는 강의로 높은 인기를 얻었다.

허먼이 개발한 방법 가운데 눈길을 끄는 것은 미술작품을 통한 관찰력 훈련이다. 그는 미술관에서 관람객이 작품 하나를 감상하는 데에 보통 17초가 걸리는데, 그것은 너무 짧다고 지적한다. 하버드의 미술사 교수 제니퍼 L. 로버츠는 학생들에게 그림한 점 앞에 꼬박 3시간 동안 앉아서 감상하게 한다며, 그것은 분명 극단적인 보기 연습이지만 얻는 게 많다고 한다. 그리고 허먼은 관찰력을 기르기 위해서 17초와 3시간 사이의 어디쯤에서 눈으로 본 정보를 편안하게 소화할 수 있는 자기만의 시간을 가져보라 조언한다.[34]

일찍이 코넌 도일은 미술이 관찰력 훈련에 도움이 된다는 가설을 세운 적이 있다. 《그리스어 통역사》에서 셜록 홈스가 자신의 뛰어난 추리력이 어느 정도는 "프랑스 화가 베르네의 누이였던 할머니"에게서 물려받았다고 설명하는 것이 그것이다. 허먼이 코넌 도일의 가설을 증명한 셈인데,³⁵ 그가 제시한 방법을 간략하게 정리하면 다음과 같다.

1) 미술작품 하나를 선택해 잠시 살펴본 후, 일단 시선을 거둔다.
2) 작품에서 본 사물들을 머리에 떠올려 종이 위에 그린다.
3) 다시 작품으로 돌아가 자세히 본격적으로 관찰하며 그린다.
4) 두 그림을 비교해서 그린 그림에서 빠진 부분을 채워 넣는다.
5) 1시간쯤 후에 오직 기억력에 의존해 세 번째 그림을 그려 그 그림에서 빠진 부분을 다시 채워 넣는다.

허먼은 벨기에의 초현실주의 화가 르네 마그리트Rene Magritte, 1898~1967의 〈초상화〉를 예로 들어 무엇을 어떻게 보아야 하는지를 차례로 설명한다.³⁶

우선 그림을 잠시 살펴보라. 그리고 일단 시선을 거둔 후 종이 위에 그려야 하는데, 식탁 위에 물건이 몇 개 있고 무슨 물건인가를 떠올려보라. 당신은 무엇을 떠올렸는가? 다섯 가지(컵, 병, 나이프, 포크, 얇게 자른 무언가의 가운데에 눈이 박혀 있는 접시)를 기억했다면 잘한 것이라 한다. 컵이 비어 있고, 가득 찬 병이 접시와 식기 위쪽에 있고, 포크는 접시 오른쪽에 있고, 고동색 손잡

이 나이프가 포크의 오른쪽에 놓여 있고, 눈이 청록색이라고 기억해 그렸다면 더 잘했다고 한다.

르네 마그리트, 〈초상화〉, 1935

그림 6

IV.

당신은 어디까지 보았고 어디까지 기억하는가? 혹시 당신은 접시에 놓인 음식이 무엇인가를 알아냈는가? 대부분 사람이 그 것을 팬케이크라고 대답하지만, 가느다란 흰색 지방층이 가장 자리에 둥근 테를 그리고 있고, 가장자리로 갈수록 두꺼워지는 것을 보면, 얇게 썰어놓은 햄이다. 그뿐 아니라 만일 당신이 유리컵에 붉은 얼룩이 있는 것까지 보았다면, 보너스 점수를 받을 것이다.

다음은 다시 작품으로 돌아가 자세히 본격적으로 관찰해 그 린 다음, 먼저 그려놓은 그림에서 빠진 부분을 채워 넣거나 수정 할 차례다. 자, 아래 〈그림 7〉은 〈그림 6〉을 부분적으로 나누어 놓은 것이다. 자세히 관찰해보자.

앞에서 언급했듯이, 관찰이란 시각적 이미지를 언어와 기호

그림 7

로 바꾸는 작업이다. 그렇기 때문에 관찰은 언제나 지각된 이미지를 언어 또는 기호로 바꾸게끔 하는 형태의 질문으로 시작해야 한다. 이 경우도 마찬가지다. 예컨대 병에는 무엇이 들어 있을까? 유리컵에 난 얼룩은 무엇 때문에 생긴 것일까? 만일 병에 차 있는 것이 포도주라면, 그것은 가득 차 있는데 왜 컵에 포도주 얼룩이 남아 있는가? 다른 병에 들어 있는 포도주를 따라서 마신 것일까? 혹시 테이블 반대쪽에 누군가 다른 사람이 앉아 있는 것은 아닌가?

어떤가? 자세히 관찰할수록 이런 의문이 자꾸 떠오르지 않는가? 얼핏 들으면 사소한 질문인 것 같아도, 그렇지 않다. 코넌 도일의 《애비 그레인지 저택 살인사건》에는 홈스가 범행 현장에서 발견된 세 개의 유리잔에 묻어 있는 포도주 얼룩을 보고 범인이 당시 유명했던 3인조 강도가 아니라 다른 두 사람이라는 것을 추리하는 장면이 나온다.* 오래 들여다볼수록 많은 질문과 구체적 정보가 드러난다. 만일 이런 질문을 떠올렸다면 당신은 그림을 그냥 본 것이 아니고 관찰한 것이다.

---

* "맞아! 포도주 얼룩은 한 잔에만 있었지. (……) 범인들은 잔 두 개만 사용하고 두 잔에 남은 포도주를 세 번째 잔에 부은 거야. 세 사람이 있었다는 착각을 일으키기 위해서 말이야."(《애비 그레인지 저택 살인사건》에서 홈스의 추리)

허먼은 당신이 관찰을 통해 얻어낸 것들을 그리라고 한다. 다 그렸으면 먼저 그려놓은 그림에서 빠진 부분을 채워 넣거나 수정하라고 조언한다. 그리고 기억력을 향상하고 싶다면, 한 시간쯤 기다렸다가 오직 기억에 의존해 다시 그려보라고 한다. 그다음 다시 앞에서 관찰하며 그린 두 번째 그림과 비교해 빠진 정보를 그려 넣으며 그림을 수정해 보라는 것이다.

질문을 습관화하자

우리는 허먼의 이 같은 훈련법이 관찰력과 분석적 사고력, 그리고 기억력을 기르는 데 도움이 된다고 확신한다. 그래서 하는 말인데 당신도 이같이 그림을 이용한 관찰력 훈련을 스스로 해보길 바란다. 특히 허먼의 관찰 훈련법 가운데 가장 중요한 것은 스스로에게 '지각된 이미지를 언어 또는 기호로 바꾸게끔 하는 형태의 질문'을 던지는 습관을 갖는 것이다.

《우아한 관찰주의자》에는 수많은 다른 화가의 작품을 관찰하는 이야기가 실려 있다. 그 가운데 하나를 더 소개하자면 이렇다. 〈그림 8〉은 미국의 슈퍼리얼리즘 화가 에드워드 호퍼Edward Hoffer, 1882~1967의 〈자동판매 식당〉이다.

호퍼, 〈자동판매 식당〉, 1927   그림 8

　당신이 이제부터 이 여인을 관찰하려고 한다면, 스스로에게 어떤 질문을 던지겠는가?

　허먼은 이 그림의 여인은 누구인가, 혼자 있는 것은 분명한가, 실내에는 또 누가 있는가, 창문에 다른 사람 모습이 비치는가를 자문해보라 제안한다. 백인이고 이십 대나 삼십 대로 보이는데 결혼은 했을까, 독신일까, 키는 어떤가, 체중은 어떤가, 무엇을 입고 있는가, 코트를 입고 모자를 쓴 다른 여자와 구별한다면 어떻게 설명하겠는가 등을 스스로 질문하라는 것이다. 이것은 매우 좋은 관찰 방법이다. 시각적 이미지를 언어와 기호로 바꾸는 질문이기 때문이다.

특히 허먼은 여자가 왼손에만 장갑을 끼고 있는 것을 알았느냐고 묻는다. 다른 한 짝은 어디 있을까? 오른쪽 장갑이 다른 곳에서 발견된다면 가장 중요한 사실일 수 있다고 한다. 범죄 현장에서 장갑 한쪽이 발견된 것은 예컨대 O. J. 심슨 살인사건 재판에서 결정적 증거가 되었기 때문이다. 또 식탁에 티백이나 스푼이 놓여 있지 않은 것으로 보아 여인이 손에 든 잔에는 커피가 담겼을 가능성이 크고, 그 앞에 놓인 접시가 빈 것을 보면 여자가 접시 위에 있던 뭔가를 다 먹을 만큼의 시간 동안 앉아 있었음을 알 수 있다고 한다.[37]

이 밖에도 허먼은 여자의 옷차림을 관찰해 계절을 짐작하고, 창밖이 어두운 것을 보고 시간대를 추정하고, 여자의 모자 스타일을 보고 시대를 알아내고, 테이블에 냅킨, 소스, 소금, 후추, 메뉴판이 없는 것 같은 환경을 고려해 자동판매 식당이라는 것도 추정한다. 하지만 만일 당신이 좀 더 자세히 관찰한다면, 여자의 주변에 여행용 가방이 없는 것을 보아 그녀가 집을 나왔거나 여행하는 중이 아니라는 것도 짐작할 수 있다. 당신은 어쩌면 그

밖에 더 많은 것을 알아낼 수도 있을 것이다.

우리는 이처럼 미술작품을 보며 '지각된 이미지를 언어 또는 기호로 바꾸게끔 하는 형태의 질문'을 스스로 던지고 그것에 차례로 답해가며 관찰력과 사고력을 기를 수 있다. 당신도 알다시피 이러한 훈련을 위한 미술작품은 우리 주위에 너무나도 많다. 그러니 관건은 우리가 이 같은 훈련을 습관화하느냐 못하느냐에 달려 있다.

관찰 대상을 일반화하자

허먼은 여기에서도 한 걸음 더 나아간다. 그는 "미술작품을 보고 어떤 상황인지 말할 수 있다면 날마다 일상적으로 접하는 장면에 관해서도 말할 수 있다"[38]라면서 꼭 미술작품이 아니더라도 주변에 널린 사소한 물건들을 가지고 같은 훈련을 할 것을 권한다.

하루에 한 가지씩, 시계나 핸드백이나 물병 따위를 가지고 연습해도 된다. 자잘한 부분이 많은 물건을 골라서 1분간 살펴본다. 그런 다음 그 물건을 치우거나 덮어놓고 세부 요소(형태, 색깔, 질감, 단어,

치수)를 가능한 한 많이 적는다. 물건을 다시 떠올리되 시간을 줄이지 말고 더 늘려본다. 시간을 세 배로 늘려서 3분 동안 같은 물건을 관찰하고 얼마나 더 많이 찾아낼 수 있는지 알아보라. 일주일 동안 매일 다른 물건으로 이렇게 연습하면 결국에는 본 것에 집중하고 기억하는 능력이 길러질 것이다.[39]

〈토마토에 바치는 송가〉, 〈양파에 바치는 송가〉, 〈옷에 바치는 송가〉처럼 우리가 일상생활에서 가까이 접하는 사소한 것들을 찬양하는 시를 수십 편이나 쓴 파블로 네루다도 '평소에 그리고 의식적으로' 허먼이 제시한 훈련을 하지는 않았을 것이다. 그러나 그가 뛰어난 관찰력의 소유자인 것으로 보아, '무의식중에 그리고 습관적으로' 그 같은 훈련을 했으리라고 짐작한다. 그렇지 않고서야 어떻게 마늘은 "아름다운 상아", 토마토는 "상쾌한 태양", 참치는 "깊은 바닷속의 탄알" 또는 "상복을 입은 화살", 사과는 "오로라에 물들어 활짝 피어오른 순수한 뺨", 소금은 "바다의 수정" 또는 "파도의 망각"이라는 은유적 표현을 만들어낼 수 있었겠는가.

아리스토텔레스의 주장과 달리 은유는 천재의 전유물이 아니다. 은유적 표현이 세상에 없는 어떤 것으로부터 얻어지는 것도 아니다. 은유적 사고는 우리가 주변에서 흔히 접하는 일상적 사물과 당연한 현상을 관찰함으로써, 보통은 아무런 관계가 없어 보이는 두 대상 사이에서 유사성을 찾아내는 데에서부터 시작하기 때문이다.

묘책 3: 부대주머니 훈련법

당신과 아이들이 함께 은유 창작을 훈련할 수 있는 묘책을 하나더 소개한다. 앞에서 이미 언급했듯이《우리는 어떻게 생각하는가》의 저자 포코니에와 터너 같은 인지과학자들에 의하면, 우리가 은유를 구성해낼 수 있는 것은 우리의 정신에 '개념적 혼성'이라는 현상이 일어나기 때문이다. 뇌는 새로운 생각을 만들어내기 위해 서로 다른 지식과 경험 영역(또는 정신 영역)에서 끄집어낸 두 개 이상의 정보를 무의식적·무의지적으로 마구 섞어 서로 만나게 해 새로운 개념적 꾸러미를 만든다. 이 일을 '압축' 또는 '개념적 통합conceptual integration'이라 하는데, 바로 여기서 은유가 탄생한다.

  주목해보자. 우리는 이 같은 인지과학적 메커니즘을 초현실주의 시인 트리스탕 차라Tristan Tzara, 1896~1963가 개발한 '부대주머니 시 작법'을 통해 구현함으로써 은유적 표현을 만들어내는 훈련을 훌륭히 해낼 수 있다. 그리고 우리는 이 방법을 '부대주머니 훈련법'이라 부르자. 무슨 말인지, 설명하자면 다음과 같다.

1920년대에 앙드레 브르통André Breton, 1896~1966과 함께 초현실주의surr'alisme 노선을 밟았던 트리스탕 차라는 〈연약한 사랑과 씁쓸한 사랑에 대한 다다선언〉(1920)에서 다음과 같은 새로운 시 작법을 발표했다.

신문을 들어라. / 가위를 들어라. / 당신의 시에 알맞다고 생각하는 기사들을 이 신문에서 골라라. / 그 기사를 오려라. / 그 기사를 형성하는 모든 낱말을 하나씩 조심스럽게 잘라서 부대 속에 넣어라. / 조용히 흔들어라. / 그다음엔 자른 조각을 하나씩 하나씩 꺼내어라. / 부대에서 나온 순서대로 / 정성껏 베껴라. / 그럼 시는 당신과 닮을 것이다. / 그리하여 당신은 무한히 독창적이며, 매혹적인 감수성을 지닌, 그러면서 무지한 대중에겐 이해되지 않는 작가가 될 것이다.[40]

요컨대 신문 기사를 적당히 잘라 그 안에 든 낱말들을 오려서

부대주머니 안에 넣어 섞은 다음 그 조각을 하나씩 꺼내 적으면 시가 된다는 것이다. 이른바 다다이즘dadaism에서 말하는 '다다시(무의미시)'의 작법이다.

우리는 차라가 개발한 이 시 작법을 이용해 어려움 없이 은유적 표현을 만드는 훈련을 할 수 있다. 방법은 이렇다.

1) 먼저 여러 개의 낱말카드(예: TV, 독서, 달, 죽음, 여행, 음식 등)가 들어 있는 부대주머니를 준비하라.
2) 그다음, 주머니에서 무작위로 2장의 낱말카드를 골라내라.
3) 그리고 카드에 적힌 낱말을 A(원관념)=B(보조관념)라는 은유 등식에 대입하라.

만일 당신이 '독서'와 '여행'이 적힌 카드를 골랐다면 '독서는 여행이다'나 아니면 '여행은 독서다'라는 은유 문장을 만들 수 있을 것이다. 만일 당신의 아이가 '달'과 'TV'가 적힌 카드를 골랐다면, 마찬가지로 '달은 TV다'나 아니면 'TV는 달이다'라는 문장을 만들게 한다. 이로써 당신과 아이는 각자의 은유적 표현을 무의식적 또는 무의지적으로 쉽게 얻었다.

차라의 시 작법에 따라 만든 다다시

　그다음은 은유적 사고 훈련이다. 우선 독서와 여행, 또는 달과 TV 사이의 유사성들을 각각 찾아보자. 그럼으로써 당신과 아이는 서로 다른 사물이나 사건들의 유사성을 재빨리 간파하는 능력을 훈련할 수 있다. 얼핏 생각하면 위에서 고른 낱말들 사이에는 아무 유사성이 없어 보인다. 하지만 곰곰이 다시 생각해보면 그렇지 않다. 가령 독서와 여행 사이의 유사성으로는 '시작과 끝이 있다는 것', '그것을 즐기려면 일정한 돈과 시간을 지불해야 한다는 것', '무엇인가를 배울 수 있다는 것' 등을 들 수 있을 것이다.

혹시 누군가는 '그렇게 무작위로 뽑아 찾아낸 낱말 사이에 유사성이 없으면 어떻게 하느냐' 하는 염려를 할 수 있다. 그런데 해보면 알겠지만, 원칙적으로 유사성을 전혀 찾을 수 없는 두 낱말은 없다. 단지 유사성이 높으냐 낮으냐, 일반적으로 수긍할 수 있느냐 없느냐에서 차이가 날 뿐이다. '달'과 'TV' 사이도 마찬가지다. 얼핏 보면 이들 사이에는 유사성이 전혀 없어 보인다. 그렇지만 곰곰이 생각해보면, 가령 '모두가 함께 바라본다는 것', '그것을 보며 무엇인가를 느끼거나 생각한다는 것' 등의 유사성을 찾아낼 수 있다. 당신도 알다시피, '달은 가장 오래된 TV'는 비디오아트 거장 백남준의 작품명이다.

그다음에는 비유사성도 찾아보자. 그럼으로써 당신과 아이는 각자가 만든 은유가 '창의적 은유' 또는 리쾨르가 말하는 '살아 있는 은유'인지 아닌지를 알 수 있다. 독서와 여행 사이의 비유사성으로는 예컨대 '독서는 보통 앉아서 보는 것이지만, 여행은 이동

예1: 여행은 다니면서 하는 독서다. 독서는 앉아서 하는 여행이다.
예2: 달은 하늘에 걸린 TV다. TV는 땅에 놓인 달이다.

도식 24

해야만 즐길 수 있다'를 들 수 있다. 달과 TV 사이의 비유사성으로는 '달은 하늘에 있지만 TV는 땅에 있다'를 이야기할 수 있다.

여기서 매우 중요한 요령을 하나 소개하려고 한다. 당신과 아이는 자신들이 찾은 유사성과 비유사성을 이용해 위에서 각자 만든 문장들을 더 '창의적인' 또는 '살아 있는' 은유로 만들 수 있다. 그것은 원관념과 보조관념 사이에 둘 사이의 유사성 또는 비유사성을 끼워 넣는 방법이다. 가령 '독서는 앉아서 하는 여행이다'나 '여행은 다니면서 하는 독서다'라든지, '달은 하늘에 걸린 TV다', 'TV는 땅에 놓인 달이다'처럼 말이다.

이 같은 간단한 방법을 통해 때로는 뛰어난 시인이나 학자 또는 기발한 광고전문가가 만들었을 법한 은유적 표현이 탄생하기도 한다.

당신은 이 시리즈 2권 《은유가 만드는 삶》에서 시와 노랫말을 다루면서 이 같은 은유적 표현을 자주 만나게 될 터인데, 그것은 단순히 A(원관념)=B(보조관념)라는 표준형식을 따른 것이 아니다. 그것에다 원관념과 보조관념 사이의 유사성이나 비유사성을 밝히는 수식어 C를 끼워 넣은 형식이다. 만일 우리가 A=B를 '은유 등식 1'이라 한다면, A=수식어(C)+B는 '은유 등식 2'라고 할 수 있다. 2권에서 보겠지만, 이 두 번째 은유 등식에서 한결 더 자연스럽고 멋진 은유적 표현들이 나온다.

이런 예를 하나 보자. 멀리 갈 것 없다. 앞에서 이미 살펴본 "시간은 민첩하고 교활한 파발마"(셰익스피어)가 바로 이 같은 은유적 표현이다. 여기에서 '민첩'은 시간과 파발마 사이의 유사성(빠르다)을 표현한 수식어다. 그러나 '교활'은 소식이나 소문을 퍼뜨린다는 파발마만이 지닌 특성으로 시간과 파발마 사이의 비유사성을 표현한 수식어다. 이 은유적 표현에는 유사성과 비유사성에서 나온 수식어가 함께 있다. 그렇기 때문에 유사성만 표기한 '시간은 민첩한 파발마'와 비유사성만 표기한 '시간은 교활한 파발마'로 나누어 볼 수도 있는데, 물론 둘 다 훌륭한 은유적 표현이다.

이것이 우리가 말하는 '부대주머니 훈련법'이다. 물론 두 개의 낱말을 짝짓는 훈련은 무작위적으로 행해지기 때문에 부적절하거나 공감하기 어려운 조합을 만들어내기도 한다. 위의 예에서 만일 당신의 아이가 '죽음'과 '음식'이 적힌 카드를 골랐다면, 그 아이는 '죽음은 음식이다'나 '음식은 죽음이다'라는 문장을 만들 것이다. 이 경우에 아이는 두 낱말 사이에서 유사성과 비유사성을 찾아내기가 쉽지 않을 것이고, 설령 찾아낸다 해도 자연스럽지 않을 것이다. 그것은 좋은 또는 살아 있는 은유가 아니라는 표시다. 그러나 무엇이 부적절한 은유이고, 그것이 왜 부적절한지를 아는 것 역시 좋은 학습이다.

이 훈련의 장점은 부대주머니에서 두 개의 낱말을 무작위로 골라내 짝짓게 함으로써, 무엇보다도 원관념에 적합한 보조관념을 떠올려야 하는 심리적 부담감을 극복하게 한다는 것이다. 다시 말해 이 방법은 은유가 탁월한 시인이나 천재들만이 구사할 수 있는 어떤 특별한 재능이 아님을 인식하게 하여, 당신과 아이가 은유와 친근해지게 할 것이다. 나아가 은유라는 생각의 도구를 사용하는 능력을 크게 향상시켜줄 것이다.

정리하자. 은유 없이는 우리의 사고도, 언어도 없다. 그뿐 아니라 제반 학문도, 예술도 없다. 우리의 모든 정신 활동이 '은유로부터' 시작하고, '은유와 함께' 이뤄진다. 달리 말해 은유는 우리의 모든 생각과 언어와 행동을 지배한다. 그럼으로써 우리의 삶을 만들고 세상을 바꾸어간다. 우리는 시리즈의 2권과 3권에서 바로 그 작업을 하려고 한다.

제3의 문을 열면서

신랑이여, 내 가슴 속의 사랑하는 이여,

꿀같이 달콤한 그대의 아름다움이여,

사자여, 내 가슴 속의 사랑하는 이여,

꿀같이 달콤한 그대의 아름다움이여,

당신은 나를 사로잡았고, 나는 당신 앞에 떨며 서 있습니다.

신랑이여, 나를 침실로 데려가주세요.[1]

이 시는 기원전 2,000년경 우르에 살았던 어느 수메르 여인의 사랑 노래 가운데 일부다. 당시 탁월했던 왕 슐기의 아내로 짐작되는 이 여인은 남편에게 '사자'라는 은유적 표현을 사용했다. 지금으로부터 자그마치 4,000년 전 일이다. 본문에서 이미 설명했듯이, 슐기왕이 자신에게 "용에게서 태어난 사나운 눈의 사자", "길 떠난 기품 있는 당나귀", "꼬리를 휘젓고 있는 말"과 같은 은유적 표현을 사용한 것을 기록한 점토판도 남아 있다. 이는 기원전 8세기에 살았다고 짐작되는 호메로스의 "아킬레우스는 사자"나 "아가멤논은 황소"라는 시구보다 적어도 1,200년이나 앞선 것이다.

주목해야 할 것은, 당시 사람들은 은유를 수사법 가운데 하나가 아니라 진리를 탐구하고 진실을 표현하는 방법으로 사용했다는 사실이다. 다시 말해 "사자여, 내 가슴 속의 사랑하는 이여"라는 은유적 표현은 그 여인이 사랑하는 이의 외모가 사자와 같다는 것을 표현한 것이 아니라 그의 본성인 위엄과 용맹함이 사자와 같다는 뜻이었다. 우리는 또한 본문에서 이집트의 기제에 세워진 제4왕조 카프레왕의 피라미드에 딸린 스핑크스와 고대 도시 두르샤루킨에서 발견된 라마수상도 은유적 사고의 산물이라는 것을 확인했다. 이 같은 사실은 은유가 늦어도 4,000년 전에는 인류의 정신과 문명 안에 모습을 드러냈다는 것을 말해준다.

이와 달리 동일률과 모순율은 파르메니데스Parmenides, 기원전 515?~기원전 445?와 그의 제자 엘레아의 제논Zenon of Elea, 기원전 495?~기원전 430?이 기원전 450년경 아테네에 와서 정착시켰다. 이후 100

년쯤 지나 아리스토텔레스가 《오르가논》에서 이 둘을 기반으로 참과 거짓을 날카롭게 가르는 이치논리를 구축했다. 그리고 《시학》과 《수사학》에서 은유를 수사법 가운데 하나로 다루었다. 이로써 오늘날 우리가 이성이라 부르는 합리적 사고방식이 시작된 것이다.

아리스토텔레스의 이치논리와 함께 파르메니데스와 제논이 꿈꾸고 플라톤이 염원하던 '시인 추방'—사실인즉 그것은 대상의 본질을 드러내는 은유적 사고의 추방이었다*—이 마침내 이뤄진 셈인데, 그것을 바탕으로 철학, 기하학, 물리학, 의학과 같은 합리적 사고에 의한 학문이 시작되었다. 그리고 이때부터 은유가 호메로스 이후 진리를 탐구하는 보편적 사고방식에서 밀려나 한낱 수사법으로 자리 잡았다. 이후 레이코프와 존슨 같은 20세기 인지과학자들에 의해 다시 자신의 자리로 돌아오기까지는 2,300년이라는 세월이 바람과 같이 흘렀다.

---

* 플라톤이 《국가》 10권에서 "이상적인 공동체를 위해 시인을 추방해야 한다"라고 주장한 데에는 당시 사회에서 음유시인들이 끼치는 해악만을 염려한 게 아니다. 당시는 반란의 시대였다. 그것은 신에 대한 인간의 반란, 신화에 대한 철학의 반란, 운문(서사시, 서정시, 비극)에 대한 산문(법조문, 아포리즘, 수사학)의 반란, 말에 대한 글의 반란이었다. 한마디로 뮈토스mythos에 대한 로고스logos의 반란이었다! 플라톤의 '시인 추방론'은 이같은 시대적 배경에서 나온 것이다.

작가 미상, 〈진실과 거짓Veritas et Falsitas의 문을 보여주는 제논〉,   그림 9
엘에스코리알도서관의 프레스코화(부분)

에스파냐의 수도 마드리드에 있는 엘에스코리알El Escorial도서
관에는 동일률과 모순율이 참과 거짓을 날카롭게 가르는 이치
논리의 시원이라는 것을 상징하는 보기 드문 프레스코화가 그
려져 있다. 그림 오른쪽 맨 앞에서 사람들을 이끄는 노인이 바로
엘레아의 제논인데, 둘로 분리된 '진실의 문'과 '거짓의 문' 앞에
서 마치 시각장애인처럼 더듬거리며 길을 찾고 있다.

우리는 이 책을, 수사법이 아니라 진리를 발견하고 진실을 표
현하는 제3의 사유 패턴으로서 은유를 부활시키고자 썼다. 달리
말해, 엘에스코리알도서관 벽화에 그려진 '진실의 문'과 '거짓의
문' 옆에 '은유의 문'을 하나 더 그려 넣고자, 즉 인간의 정신에
세 번째 문을 활짝 열어젖히고자 쓴 책이다. 여태껏 소수의 창

의적 인재들만이 은밀히 드나들던 그 문을 지나면 은유가 펼치는 아름다운 풍경과 새로운 전망이 당신을 기다리고 있다. 시리즈의 2권 《은유가 만드는 삶》, 3권 《은유가 바꾸는 세상》에서 우리는 그 안으로 한 걸음씩 성큼성큼 걸어 들어가려고 한다. 함께 가자. 흥미로운 여정이 될 것이다.

주

I. 은유의 두 얼굴

1 Lakoff, G, 〈What is metaphor?〉 (in J. A. Barnden & K. J. Holyoak(Eds.), *Advances in connectionist and neural computation theory*(Vol. 3, 203-258), Norwood, NJ: Ablex, 1994), 206쪽. (린 잉글리시 엮음, 권석일 외 옮김, 《수학적 추론과 유추, 은유, 이미지》, 경문사, 2009, 8쪽.)

2 은유에 관한 이론적 내용은 김용규, 《생각의 시대》(김영사, 2020) 3부 1장 '메타포라―은유'(139~183쪽)에서 찾아볼 수 있다.

3 Paul Ricoeur, *La métaphore vive*, du Seuil, Paris, 1975, 191쪽.

II. 은유는 어떻게 만들어지나

1 질 포코니에·마크 터너, 김동환·최영호 옮김, 《우리는 어떻게 생각하는가》, 지호, 2009, 135~167쪽 참조.

2 같은 책, 394~395쪽 참조.

3 같은 책, 같은 곳 참조.

4 조지 레이코프·엘리자베스 웨흘링, 나익주 옮김, 《나는 진보인데 왜 보수의 말에 끌리는가?》, 생각정원, 2016, 47쪽 참조.

5 같은 책, 49쪽.

6 조지 레이코프·마크 존슨, 노양진·나익주 옮김, 《삶으로서의 은유》, 박이정, 2011, 21쪽.

7 새뮤얼 노아 크레이머, 박성식 옮김, 《역사는 수메르에서 시작되었다》, 가람기획,

2007, 347쪽.

8 레이몬드 깁스, 나익주·김동환 옮김, 《메타포 워즈》, 커뮤니케이션북스, 2022, 127~128쪽 참조.

9 김애령, 《은유의 도서관》, 그린비, 2013, 7쪽에서 재인용.

III. 은유의 힘은 어디서 나올까

1 레지스 드브레, 정진국 옮김, 《이미지의 삶과 죽음》, 글항아리, 2011, 43쪽.

2 같은 책, 6쪽.

3 같은 책, 26쪽.

4 같은 책, 33~34쪽.

5 같은 책, 63쪽 참조.

6 《동방정교회 신학》, 대니얼 B. 클린데닌 편, 주승민 옮김, L. 오우스펜스키, 〈성상의 의미와 내용〉, 도서출판 은성, 1997, 47쪽 참조.

7 제럴드 에덜먼, 김한영 옮김, 《뇌는 하늘보다 넓다》, 해나무, 2010, 162쪽.

8 레이 커즈와일, 윤영삼 옮김, 《마음의 탄생》, 크레센도, 2016, 109쪽 참조.

9 제럴드 에덜먼, 《뇌는 하늘보다 넓다》, 162쪽 참조.

10 《네루다의 우편배달부》에 대한 보다 자세한 내용은 김용규, 《철학카페에서 시 읽기》(웅진지식하우스, 2011)의 '시는 베아트리스에게 무슨 짓을 했나'(17~54쪽)를 참조하기 바람.

IV. 은유는 어떻게 학습하나

1 데이비드 A. 수자 엮음, 이찬승·김미선 옮김, 《마음·뇌·교육》, 한국뇌기반교육연구소, 2014, 28~31쪽 참조.

2 같은 책, 30쪽 참조.

3 데이비드 A. 수자 엮음, 《마음·뇌·교육》, 191쪽.

4 같은 책, 190~191쪽 참조.

5 테리 도일, 강신철 옮김, 《뇌과학과 학습혁명》, 돋을새김, 2013, 265쪽 참조.

6 하워드 가드너, 류숙희 옮김, 《인간은 어떻게 배우는가》, 사회평론, 2019, 189~195쪽 참조.

7 같은 책, 191쪽.

8 존 듀이, 여훈근 외 옮김, 《세 살 철학 여든까지》, 고려원, 1992, 56~57쪽.

9 하워드 가드너, 《인간은 어떻게 배우는가》, 206~207쪽 참조.

10 험프리 키토, 박재욱 옮김, 《고대 그리스, 그리스인들》, 갈라파고스, 2008, 128~129 쪽 참조.

11 김용규, 《생각의 시대》, 김영사, 2020, 117~124쪽 참조.

12 험프리 키토, 《고대 그리스, 그리스인들》, 69쪽.

13 조지 커퍼드, 김남두 옮김, 《소피스트 운동》, 아카넷, 2004, 65쪽 참조.

14 같은 책, 66쪽 참조.

15 이에 대한 자세한 내용은 김용규, 《생각의 시대》, 331~357쪽에서 볼 수 있다.

16 알베르토 망구엘, 정명진 옮김, 《독서의 역사》, 세종서적, 2016, 66쪽 참고.

17 같은 책, 67쪽.

18 같은 책, 225쪽 참조.

19 레이 커즈와일, 《마음의 탄생》, 126~127쪽 참조.

20 바바라 애로우스미스 영, 유윤한 옮김, 《매일매일 성장하는 뇌》, 라이프맵, 2014, 47쪽.

21 노먼 도이지, 김미선 옮김, 《기적을 부르는 뇌》, 지호, 2008, 17~47쪽 참조.

22 같은 책, 257~278쪽 참조.

23 바버라 스트로치, 김미선 옮김, 《가장 뛰어난 중년의 뇌》, 해나무, 2011, 36쪽.

24 같은 책, 92~95쪽 참조.

25 레이 커즈와일, 《마음의 탄생》, 92~93쪽 참조.

26 〈http://news.chosun.com/site/data/html_dir/2019/06/15/2019061500130.html〉.

27 노먼 도이지, 《기적을 부르는 뇌》, 15쪽.

28 같은 책, 129~175쪽 참조.

29 조지 레이코프·마크 존슨, 《삶으로서의 은유》, 377쪽.

30 안데르스 에릭슨·로버트 풀, 강혜정 옮김, 《1만 시간의 재발견》, 비즈니스북스, 2016, 117쪽.

31 조지 레이코프·마크 존슨, 《삶으로서의 은유》, 74쪽 참조.

32 로버트 & 미셸 루트번스타인, 박종송 옮김, 《생각의 탄생》, 에코의서재, 2007, 58쪽.

33 같은 책, 67~68쪽에서 재인용.

34 에이미 허먼, 문희경 옮김, 《우아한 관찰주의자》, 청림출판, 2017, 43쪽 참조.

35 로버트 & 미셸 루트번스타인, 《생각의 탄생》, 75쪽 참조.

36 에이미 허먼, 《우아한 관찰주의자》, 62~63쪽 참조.

37 같은 책, 104~107쪽 참조.

38 같은 책, 33쪽.

39 같은 책, 63쪽.

40 트리스탕 차라·앙드레 브르통, 송재영 옮김, 《다다/쉬르레알리슴 선언》, 문학과지
성사, 1987, 45쪽.

나오는 말

1 새뮤얼 노아 크레이머, 《역사는 수메르에서 시작되었다》, 300~301쪽.

알라딘 북펀드에 참여해주신 분들

CA

Chloe Jiwon Kim

Grace

lemonmelba

Moonshine

강경민

강경희

강과 길과 별과 계수나무

강성윤

강재형

강호성

고정화

곰코치

곽호용

권수진

권용신

권정희

기동인

기정민

金健夏

김광현

김규리와홍석

김말똥

김모세

김미연

김민

김민서

김보민

김선식

김선아

김성호

김우태

김유신

김유연

김은진

김정겸

김정용

김정주

김주영

김지연

김태오

김한균

김헌수

김현정

김현주

김현중

김현철

김희정

노무옥

노승진

도환

독서공간 리드인 김진

둥이와 함께

뚜기

라온nayearn

마틴 융

맹채린

몬도

뭉클

미정

민동섭

박문성

박소해

박수한

박완

박재윤

박전일

박정석

박정아

박종훈

박준현

박지선

박현신

밝은덕 중학교

방형석

배현숙

백관수

백수영

서유진

서지민

선우석

성미옥

소노수정

신지혜

아샬	윤혜경	이지현	진진
아트고	이계윤	이해인	진현정
안병준	이달팽	이해주	찰랑거리는 물통 양동혁
안혜령	이동영 글쓰기	이형석	책곶이
양류원	이동찬	이호	처음 파랑
양슬기	이상엽	장나원	최난경
엄서현	이성연	장욱	최성우
여인영	이수민	장인수	최은유
염민아	이수빈(하다)	정서우	최한영
오유리	이수진	정의삼	최효정
원순식	이연숙	정지수	퐁
원윤진	이영민	정진수	표영미
유아름아현도진	이예화	정호욱	허민정
유윤희	이용권	제이코	허지현
유장홍	이원웅	조민교	현성환
유지은	이원정	조윤숙	현용주
유쾌한김씨	이윤성	조한길	홍리예
윤미경	이정란	조해승	홍준호
윤우진	이정아	지석현	황혜선
윤지회	이주영	진금주	
윤진한	이주희이채은이지원	진설	

북클럽 은유 1
은유란 무엇인가

지은이　　김용규·김유림

2023년 2월 24일 초판 1쇄 발행
2024년 4월 15일 초판 3쇄 발행

책임편집　김창한 남미은
기획편집　선완규 김창한
마케팅　　신해원
디자인　　형태와내용사이

펴낸곳　　천년의상상
등록　　　2012년 2월 14일 제2020-000078호
전화　　　031-8004-0272
이메일　　imagine1000@naver.com
블로그　　blog.naver.com/imagine1000

ⓒ 김용규·김유림 2023

ISBN　　979-11-90413-50-3 04100
　　　　　979-11-90413-49-7 (세트)